中公文庫

平和と危機の構造

高坂正堯

中央公論新社

目次

はじめに

長く続いた米ソの冷戦が終わって五年以上になる。この間、世界には次々に問題が起こり、国際関係は複雑で「混沌」と言ってよい状況になってきた。もっとも、冷戦の終わりがそうした変化を惹き起こしたというのは誤りで、冷戦の終わりとともにそれらが見えてきたと言うべきであろう。冷戦はわれわれに世の中を単純に見させる図式を与えていてくれたし、それに従って対応すればまずよかったのだが、その冷戦は一九八〇年代に終わった。

それは共産主義の「敗北」あるいはその終わりを意味するものであったが、新しい秩序が打ち立てられたわけではなかった。あちこちで血なまぐさい内戦が起こり、人々の心を暗くしている。貿易摩擦が深刻なものになりつつあるし、国際金融は混沌状況にあるとしか言いようがない。為替レートがごく短期間に二〇%も変化することがよいはずはない。それに移民の増大に対して多くの国で反発が起こり、世界はひとつという夢は終わりつつあるが、同時に環境問題が示しているように世界大に解決しなくてはならない問題もある。世界はひとつという夢はいくつかの文明の相違という事実によっても破られている。

われわれの目の前で起こりつつある変化の性質をわれわれはどう捉えるべきだろうか。それはどのような意味を持つものであり、われわれはどのように対処したらよいのであろうか。そのときの落とし穴は何なのか。この書物はそうした問題を扱う。

さまざまなアプローチがありうるが、この書物では三つの領域に焦点を絞る。第一は国際秩序の問題であり、核と内戦が中心となる。現在の世界は核兵器によって国家間戦争がほとんど姿を消したという奇妙なものであるとともに、暴力現象は国境内のそれがほとんどである。アメリカの外交史家ギャディスが述べたように、冷戦は「長い平和」の時代であったし、それは基本的に続いているが、人間が満足できるものではない。

第二は自由貿易を原則とする国際経済の問題であり、自由貿易は多くの人々に未曽有の繁栄を与えたけれども、それは絶えず起こる貿易摩擦を伴っており、その深刻度は強まっている。何故そうなのか。よりよい状況を作るために何が必要なのか。

第三は「文明の衝突」の問題であり、具体的にはアジアの状況を考察する。アジアの台頭は長期間続いた欧米中心の状況を是正するものであり、疑いもなく望ましいことなのだが、それは異文明の接触、交流、そして抗争を現実の問題として提起しつつあるからである。

以上の問題を考察するとき、私は歴史的視野に立つことをまず強調したい。とくに第三の問題について考えてみればそのことは明らかなはずである。西欧文明とかアジア文明と言ってみても、それはかなり変動しており、長期的視野に立たなくては真実に重要な特徴は分からない。長所と短所についても同じことで、これまた長い目で見ればそれぞれに興隆期があり、衰退期があった。優劣を簡単に論ずることなどできるものではない。

歴史とともに考察するとき、理論はわれわれに正しい教訓を与えてくれる。政治及び経済の秩序の問題について、いくつかの理論を私は検討するが、その際常に歴史の光にあててみたいと思う。理論抜きには広い世界は理解できないが、歴史抜きの理論は危険で、大体のところ害をなす。

なお、この書物は一九九四年秋におこなったNHK人間大学での講義のテキストと講義をもとに、大幅に書き足し、書き改めたものである。準備期間を含めて一年半になるが、その間お世話になったNHKの関係者の方にお礼を申し上げたい。

一九九五年秋

高坂正堯

平和と危機の構造

第1章　複合波としての歴史変動

東西冷戦の終わり

冷戦が終わってほぼ五年になります。しかし、冷戦後の状況となるとまだはっきり見えるものはなく、混迷だけが目につきます。各国の内政においても、国際関係についてもそうですし、ロシアなど旧ソ連圏の国々だけでなく、アメリカ、ヨーロッパ諸国、日本もまた混迷の中にあります。それは、世界が大きな変わり目にあり、しかもそれが複雑な性格のものだからだ、と私は思います。

冷戦の終わりは、国際関係を大きく変えるものであり、それ自身しっかりと分析しなくてはなりません。しかし、それが唯一の変化ではないのです。戦争後の、あるいは抗争の後の状況は、戦争や抗争が終わり、それ以前の状況に戻るというものではないのです。それはまず抗争というものの性質に原因します。抗争には、それをもたらすより根本的な原因があるもので、何もないのに敵意だけで起こるということはまずありません。戦争はその結果であるにすぎないと言えるかも知れません。それに抗争は歴史の歩みを加速させるものです。抗争の必要から、それまでの常識が無視され、破られ、新しいものが出現してきます。抗争という試練に耐え得ない制度がつぶれ、その必要が新しいものを生み出すと言ってもよいでしょう。こうして、広く、かつ長期的に、何が起こってきたのかを概観することが必要になります。

そういうわけで、まず、冷戦の終わりから始めましょう。冷戦がいつ始まったかは難しい問題で、普通には一九四七年初めとされますが、それとともに第二次世界大戦末期から米ソの対立の芽が見られることを忘れてはなりません。終わりの方は一九八九年のマルタ島での米ソの首脳会談、もしくは一九九〇年末の全欧安保協力会議での軍備削減の合意を重要な時点とすることができます。冷戦には、米ソの体制の相違が生み出す不信感が作用していました。それと同時に、第二次世界大戦と、国力を増大させた二つの国の間の力の抗争という側面があったことも間違いありません。米ソ両国は四十年以上激しく抗争してきたのですが、それが終わったのです。冷戦を終わらせたものは、ソ連が抗争に疲弊するとともに、その体制の欠点が出てきて崩壊したことにあります。それは抗争の原因をほとんど消滅させるとともに、ソ連の力の弱まりによって抗争を終わらせたのでした。

軍備削減は冷戦の終わりを画するものになりました。随分前からNATO（北大西洋条約機構）加盟一六か国とWTO（ワルシャワ条約機構）七か国との間で、ヨーロッパの通常兵器削減を目的とする交渉が行われてきたのですが、合意には至りませんでした。それが一九八九年十二月、マルタ島で行われた米ソ首脳会談で、九〇年中に合意を目指すことが合意され、一九九〇年十一月に行われた全欧安保協力会議のパリ首脳会議で欧州通常戦力条約が調印されたのです。NATOとWTOが欧州地域で保有できる通常兵器の上限が決められ、それにあわせてNATOは二〇〜三〇％の削減、WTOは約五〇％の削減が約束されました。数年前ならソ連は「不平等」として、そのような削減には応じなかったでしょう。

世界経済の一体化と「世界政策」

それが終わりの第一の意味ですが、先に述べたように意味を十分とらえるためには、私は冷戦をもう少し長い歴史的現象の終わりととらえた方がよいと思います。すなわち、約百年続いた世界争覇戦の時代の終わりということです。それは一八九〇年ごろ始まりました。一八九〇年、ドイツはいわゆる「世界政策」[*1]を採用し、それをきっかけに西欧列強は世界をめぐる激しい勢力争いを繰り広げていくことになりました。アフリカ争奪戦が始ま

清からの租借地

『詳説世界史』より租借地のみを図示

太平洋における列強の勢力圏 (20世紀初め)

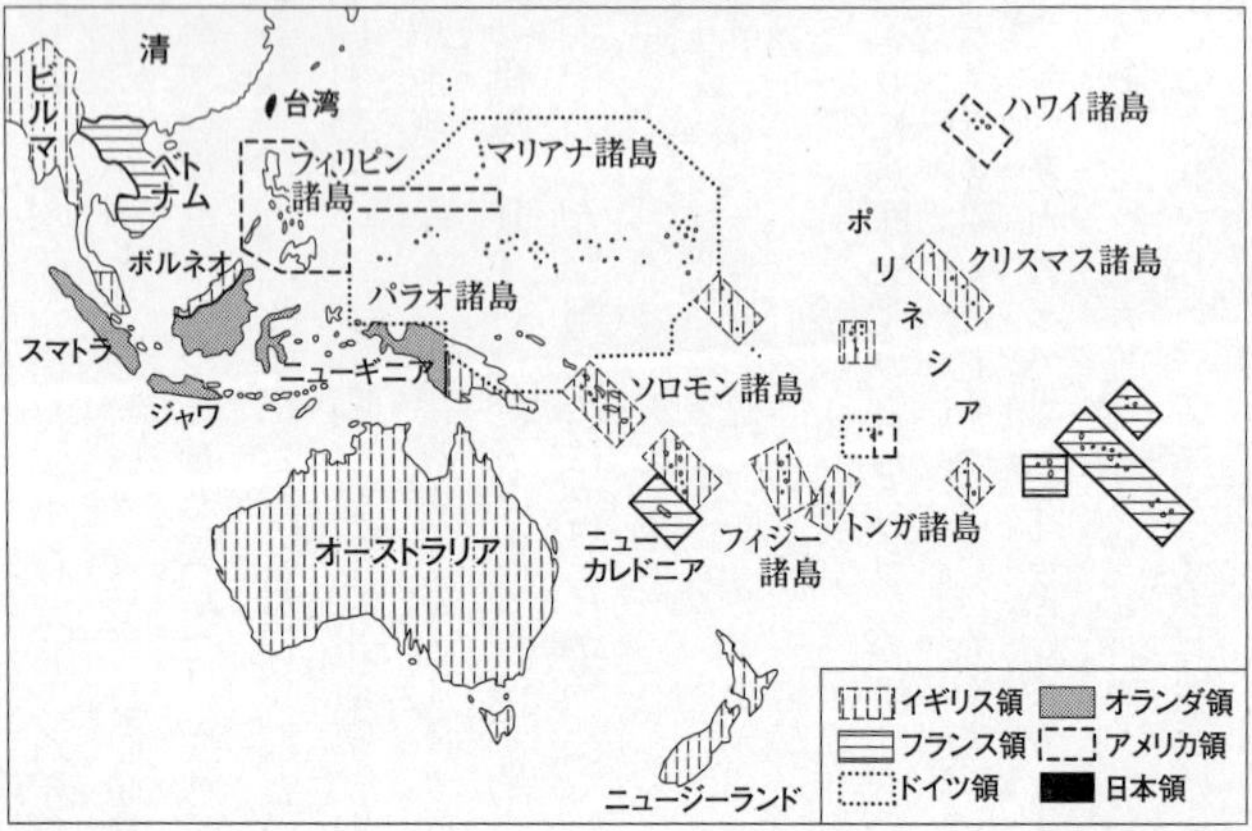

『詳説世界史』(山川出版社、1994)

アフリカにおける列強の勢力圏（20世紀初め）

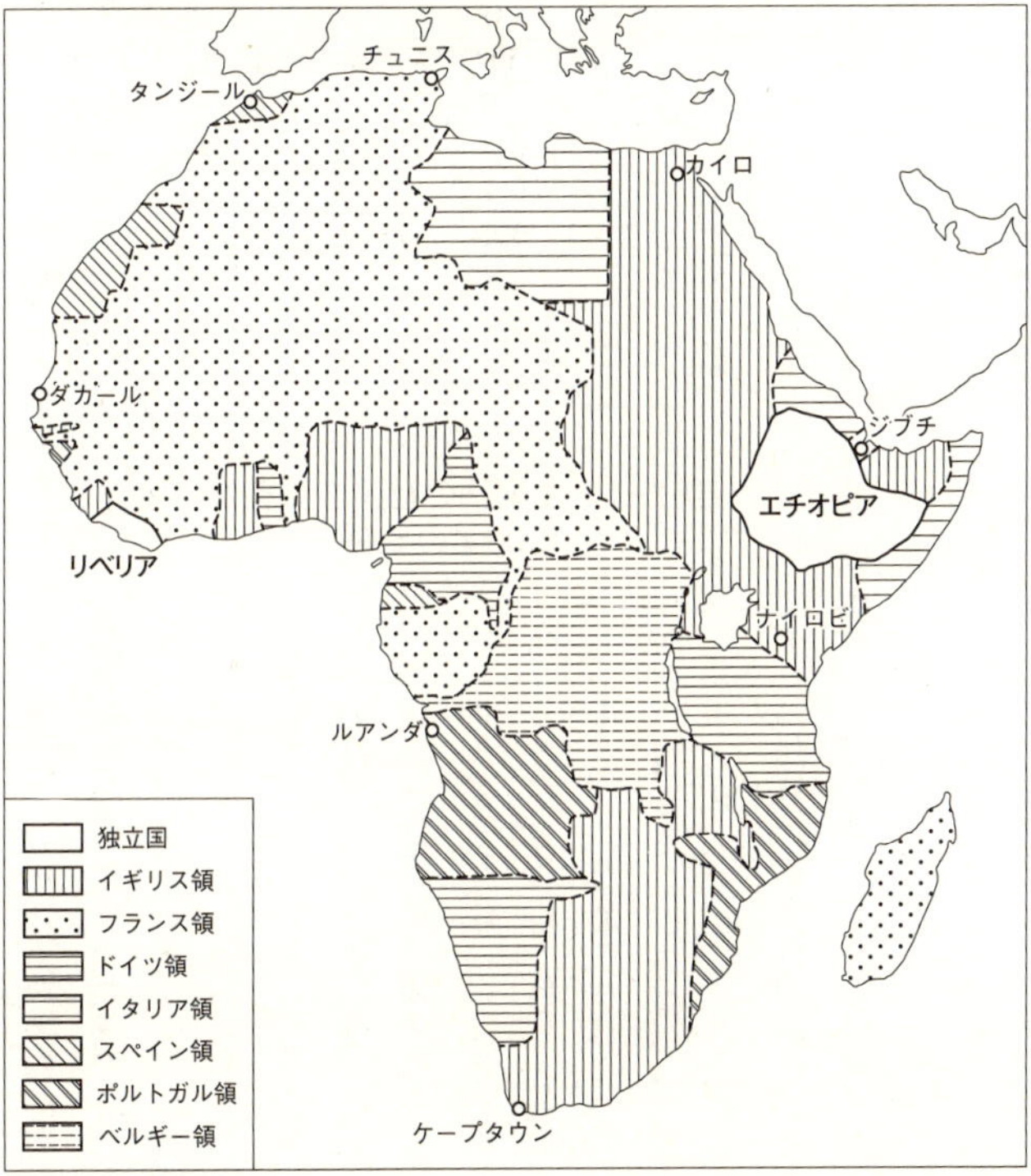

『詳説世界史』より国名表記を省略

図1-1　西欧列強の進出

単位：面積＝1000㎢、人口＝1000人

	1876年		1900年	
	面　積	人　口	面　積	人　口
イギリス	22,476	251,861	32,713	367,605
オランダ	2,045	24,520	2,046	37,874
ロシア	17,011	15,958	17,287	25,045
フランス	965	5,997	10,985	50,107
ドイツ			2,597	11,998
アメリカ	1,553	60	1,876	8,818
総合	46,495	313,645	72,900	529,647

宮崎犀一・奥村茂次・森田桐郎編
『近代国際経済要覧』（東京大学出版会、1981）

表1-1　主要国の植民地領有の1876年と1900年の比較

り、極東でもロシアの勢力が南下し、やがて各国が清朝から租借地を得たのがそのよく知られた例ですが、世界のほとんどすべての場所が西欧列強の膨張の対象になりました（図1－1、表1－1）。それは、世界のどの国が世界のイニシアティブを握るかという争覇戦であり、国際政治は大きく変化します。

それは十九世紀の後半に、交通・通信の発達の結果、世界が一体化したことへの反応であると言えるでしょう。世界の一体化を最もドラマティックに示したのが、一八七〇年代と八〇年代に起こった食糧価格の目覚ましい下落です（表1－2）。アメリカ、アルゼンチン、オーストラリア、ロシアといった国々の穀物が船と鉄道によって大量にヨーロッパに入ってくるようになったのがその理由で、そのため二十年間にヨーロッパでは穀物の値段は半分以下に下がります。

この事態に、ヨーロッパ各国はそれぞれに対応します。例えば、フランスとドイツは、

1873年	1882年	1886年	1894年
1ドル70セント	1ドル30セント	90セント	60セント

表1-2　イギリスの1ブッシェル当たり穀物価格

	1861－70	1871－80	1881－90	1891－1900	1901－10
総数	2,839	3,264	7,145	6,397	11,591
イタリア	27	168	992	1,580	3,615

宮崎・奥村・森田編『近代国際経済要覧』　（単位：千人）

表1-3　南北アメリカへのイタリアからの移民

輸入穀物に高い関税をかけ、自国の農業を保護しようとしました。他方、イタリアでは政府はそうしようとしましたが、都市住民の反対でできず、農業は大打撃を受け、多くの人間が南北アメリカに移住することになりました（表1－3）。イギリスは自由貿易の原則をあくまでも守り、国内の農業は一層弱まりましたが、すでに工業中心の国だったので、社会的な影響は破壊的というわけではありませんでした。もっとも、ここでは各国の対応の差を問題にしているわけではありません。世界経済が一体化し、各国がそれによって大きく影響されたことの例としてお話ししているのです。世界的な政治経済システムの成立は明らかになりました。

そうなると、成立しつつある世界的なシステムにおけるイニシアティブを誰がとるか、ということ、すなわち覇者が誰になるのかが問題となります。それが人間の性《さが》というものでしょう。そしてヨーロッパ各国はやがて来るべき世界政治の時代に備えてそれぞれ力を強めようとしますし、ヨーロッパの外で近代国家になりつつあったアメリカと日本がそれに加わります。人々の考え方は十九世紀末にドイツで行われた論議によく示されています。彼らは当時ドイツがヨーロッパで最強の国になったと自負していました。しかし、「やがて世界政治の時代がやってくる。そのときに世界政治の中で名誉ある地位を占めるために、ドイツは世界に膨張しなくてはならない」と彼らは考えたのです。それが、ドイツが「世界政策」を採用した理由づけでした。

そして早くから世界で地歩を占めていたイギリスと対立することになったのです。ドイツが工業力でイギリスに迫り、抜く勢いであったこともあって、英独の対立が目立つようになったのですが、対立のパターンはより複雑でした。それは世界的な流行とも言うべき様相を呈し、今から見ると、とても引き合わないと思われる所にも、各国は進出し、争いました。太平洋の島を何故ドイツが領有したのかは合理的には理解できませんし、ベルギーのような小国がアフリカのコンゴという広大な地域を植民地化したのもまったく非合理的でした。

世界争覇戦の終わり

この争覇戦の一つの重要な舞台がバルカンであり、そこでの抗争が第一次世界大戦を引き起こす直接のきっかけとなりました。ロシアがトルコからのスラブ民族の独立運動を支援することによって勢力を伸ばそうとし、オーストリアがそれに対抗し、均衡を保つためバルカン半島西部を支配するという形の抗争でしたが、そのオーストリアの政策の障害となっていたのがセルビアでした。そして一九一四年、オーストリアの皇太子がセルビアの一青年によってサラエボで暗殺されたことが、オーストリアのセルビアへの圧力を強めさせ、その後ろ盾であったロシアと対立し、第一次世界大戦になるのです。

歴史は不思議なもので、直接にはオーストリアの強硬策が第一次世界大戦の引き金になったのですが、そのオーストリアは世界への進出について、五大国中ただ一つ消極的でした。ただ、多民族帝国であるオーストリアは自らを守るために、中央ヨーロッパやバルカン半島の民族主義を抑えこまなくてはならないと考えていたのです。だからオーストリアの行動そのものは世界争覇戦と直接関係はありません。しかし、そうした地域紛争が世界大戦にまでエスカレートしたのは、先に述べた争覇戦があり、ロシアは英仏と、オーストリアはドイツと組んでいて、ドイツと英仏露の対立が激しいものとなっていたからです。

第一次世界大戦ではドイツが負けたのですが、世界争覇戦に決着はつかなかったし、安定した均衡も得られませんでした。その上、第一次世界大戦はヨーロッパの旧秩序を破壊しました。ロシア帝国、オーストリア・ハンガリー帝国、ドイツ帝国とライン川以東の帝国が崩壊したのが最もよく知られている事例です。しかし、それとともに貴族制も崩壊したのです。それに、大戦後の雰囲気から教会の力も弱まりました。帝政、貴族制、教会が旧秩序の根幹だったのですから、その地に安定した秩序がすぐにできるわけはありません。それは動揺を生んだのです。もっとも、これらの制度は、やがては滅びるべき運命にあったと言えるでしょう。その運命を第一次世界大戦は加速したのであり、それが不安定を生んだのです。ナチズムはその産物の一つでした。

そこで二十年後に第二次世界大戦になり、その勝者である米ソが争うようになったのが冷戦であったと言えるでしょう。だから、それは十九世紀末に始まる世界争覇戦の最終戦であったと言うべきです。こうして、冷戦の終わりは世界争覇戦の終わりでもあるのです。それは地域紛争への大国の関与の仕方にも表れています。バルカンでは激しい内部抗争が起こっていますが、どの大国も、介入によって勢力を広げようとはしていません。世界争覇戦は基本的には関係国の疲弊で終わりましたし、少なくともテリトリーを広げることの無意味さが認識されたのです。以上が冷戦時代の終わりの第二の意味です。

マルクス主義の終わり

冷戦時代の終わりの第三の意味は、マルクス主義の終わりということです。ソ連および東欧の共産主義体制の崩壊が冷戦を終了させた直接かつ最大の原因であったということができるからです。中国や朝鮮民主主義人民共和国などまだ共産主義は残っているという人もあるでしょうが、中国のそれはすでに大きく変質していますし、共産主義が理想社会の設計図であるといまだに信じている人はほとんどいないと言ってよいでしょう。六十年前には、西欧においても共産主義が未来の波だと考えられていたことを考えると、大きな変化です。

それでは何故、共産主義は失敗したのでしょうか。最も重要な理由は、経済学者ハイエクが述べたように、それが「死に至るうぬぼれ」[*2]の体系であったことに求められます。共産主義は社会の営みを共産党が管理することができ、青写真に従って理想社会を建設することができるという教条でした。おびただしい多様性を持つ社会を管理できると考えるのは「うぬぼれ」でしたし、歴史的にしか形成されえない習俗が人間にとっていかに大切なものであり、いったんそれを破壊するとき、理想社会どころかひどい社会が出現することを彼らは見ていませんでした。結局ソ連で行われたのは巨大な官僚機構がすべてを中央集権的に動かそうとする試みであり、それは独裁と非効率を生み出して崩壊したのでした。

経済を市場メカニズムによってではなく、中央政府の計画によって動かそうとする社会主義は、基本的に中央政府が収集する経済データが正しくなくてはうまくいきません。ところが、中央政府のデータは正しくない。人々が真実のことを言わないからです。少なくとも十分早くはデータは集まりません。われわれが今日使っているデータでも少なくとも六か月の時間をかけて作られます。しかし、経済は生き物ですから、その間に経済の状況は変わっています。こうして、中央政府の用いるデータは事実に反するので、それに基づいて計画によって経済を動かそうとしても、うまくいくわけはありません。それができると考えるのが「死に至るうぬぼれ」なのだとハイエクは述べたのでした。それをやろうとすると、まず独裁的な権力が必要となる。それがさらに歪みを増幅します。共産主義の崩壊は、だから、必然的でした。

しかし、そのソ連が一九七〇年ごろまでかなりうまくいっていた、あるいはうまくいっているように見えたことも事実です。少なくとも、ソ連は第二次世界大戦に勝利を収めることができました。中央集権機構はあるところまでは成功したのです。そのことをある人が評して、「ソ連はフォード・システムとルーデンドルフの総合戦思想の結合」と述べました。多少説明しておきますと、フォード・システムとはフォード自動車会社が用いて成功した流れ作業による大量生産方式のことです。ルーデンドルフは第一次世界大戦終了時のドイツの参謀次長で、二十世紀の戦争は、経済力をはじめ軍事力を支えるすべての力によって戦われる総力戦であり、したがって戦争の帰趨はそうした力をいかに動員できるかにかかっている、と主張したのでした。その通りで、国家の指令による計画的生産、そして人間も含めた国家資源の総動員によって、ソ連は争覇戦で強みを発揮することができたのです。

それが一九七〇年代に入ってうまくいかなくなったのは、一つには革命後五十年を経て、諸制度が硬直化し、活力を失っていたためです。無理なシステムは、ある程度の期間は機能するが、長くはもちません。それと並んで、より具体的には、そのころから起こってきた経済、社会の変化に対応できなかったことが重要です。この変化はマイクロ・エレクトロニクス化、高度情報化社会など、いろいろな呼び方がされますが、まだその性質は完全には把握されてはいません。しかし、重化学工業を中心に中央集権的で、階層的な機構が主役である時代が終わったことは明白です。過度に中央集権化されたソ連のシステムはそうした新しい時代に適応することができなかったと考えられます。

メガ国家の時代の終わり

そうだとすると、この歴史の波はわれわれの自由経済を原則とする社会と無縁ではありません。われわれは経済が管理できると、完全にうぬぼれているわけではないが、相当うぬぼれています。中央集権も相当なものです。中央集権化された強力な国家が出現したのは一八七〇年ごろからです。それまでは国家は安全保障と治安の維持以外の仕事はほとんどしませんでした。それが、教育、鉄道、電信、郵便、あるいは公衆衛生といったことをやるようになりました。それは多分必要なことであったし、今日も必要でしょう。しかし、それに社会保障が加わりました。その最初はビスマルクが一八七一年に始めた社会保障です。

そして、先に述べたように第一次世界大戦が中央集権化を加速しました。政府はそれまでには考えられなかったほどの税金を必要にかられてとり、それが可能だということを知ります。さらに、一九三〇年代の不況をきっかけに経済を管理するのも政府の責任ということになりました。教育の仕事も初等教育から高等教育に至り、そして文化もまた含むことになりました。そして国家財政が国民総生産（GNP。現在はGDP＝国内総生産が使われる）の中で占める比重が飛躍的に高まりました。ピーター・ドラッカー[*3]の言う「メガ国家」になったのです。

この変化は世界争覇戦の時代とからんでいます。国家はその資源を可能な限り動員するためにそうなっていったのです。それはまた重化学工業の時代ともからんでいます。その結果、公共のために使われるカネは一八七〇年以前にはGNPの一〇％程度であったものが、ほとんどの先進工業諸国では四〇％を超しており、そのための弊害が出ています（表1－4）。やがて章を改めてお話ししますが、これは異常発展としか言えず、今やそうし

	アメリカ	日　本	イギリス	ドイツ	フランス
租税負担	26.1	27.7	40.6	30.6	33.9
社会保障負担	10.4	10.9	10.8	21.9	28.1
国民負担率	36.5	38.5	51.4	52.5	62.0

表1-4　主要国の国民負担率（1989年度対国民所得）

た国家のあり方が問われています。ドラッカーは一九七〇年にメガ国家の時代は終わったと言っていますが、その通りだと思います。彼は、その著書『ポスト資本主義社会』において、一八七〇年以来の歴史展開は、国家が経済の管理ができるし、そうすべきであるという考えに基づいていると書きました。その最も極端な表れが全体主義であり、それは失敗したのですが、他の場合にも政府が経済を管理しえないことは明らかであるというのです。そうした国家への歩みは初めから誤りであったとは言えませんが、限度が来たとみることができます。それが終わりの第四の意味です。

西欧中心の時代の終わり

一つの変化は思いがけない別の変化を生みます。第9章で扱うことですが、冷戦の終わるころ目立ってきたもう一つの現象があります。すなわち、アジア・太平洋圏が興隆し、世界経済の中で大きな地位を占めるようになったことです。まず、日本が工業化に成功しましたが、第二次世界大戦前は日本だけでした。それが一九七〇年代にＮＩＥＳ（新興工業経済地域）の成功が明白になり、一九八〇年代には東南アジアと中国が成長を始めたのです。

それは西欧の膨張への反作用と言えるでしょう。日本がその口火を切ったのですが、強い力を受けると生命を持つものは反発します。そして、その強い力が弱みをみせれば、反発はさらに強まります。第一次世界大戦後、あちこちで独立運動が強まったのはその表れです。それは第二次世界大戦の一つの原因となり、第二次世界大戦によってさらに強まりました。やがてほとんどの植民地が独立しました。

それとともに忘れてはならないのは、近代のヨーロッパを強大ならしめたのは近代文明ですが、それは、人間に力を与え、幸せをもたらすものであり、世界中のどこででも使えるものだということです。近代化と産業化には世界に広がる理由がありました。それが今やアジアでも開花したと言えるでしょう。少し前からNICS（新興工業国）とかNIESということが言われてきました。すなわち、OECD（経済協力開発機構）がそれまで開発途上国と考えられてきた国のうち、ギリシャ、ポルトガル、スペイン、ユーゴスラビア、ブラジル、メキシコ、香港、韓国、シンガポール、台湾は経済成長に成功しているとしてNICSと名づけました。その後、香港と台湾は中国の一部であり、国ではないということで、国（countries）を経済（economies）と変え、NIESにしたのです。これらはさきがけであり、今やアジアが全体として成長を始めました。

すなわち、西欧中心の時代は終わったのです。コロンブス以後が西欧の世界進出であったとすると、[*4]約五百年でそれが終わったことになります。より詳しく検討する必要はありますが、アジア・太平洋圏の経済的成功は明らかに世界史的意義を持っています。もっともコロンブスの時代がいつをもって終わったとするかは難しいことです。イギリスの歴史家トインビー[*5]は第二次世界大戦が終わって間もなく、「世界と西欧」と題する講演の中で、二十世紀は、それまでの西欧の世界進出に対し、非西欧からの反撃が始まった世紀であると語りました。まことに見事な先見性ですが、それが誰の目にも明白になったのは最近のことです。ともかく終わりの第五の意味はコロンブス時代の終わりということです。

以上、五つの波の終わりを基本的な構図とし、まず、狭義の冷戦後の国際関係について考えてゆきたいと思います。

＊1　ドイツを「満ち足りた国」とし、統一後勢力増大を自制したビスマルクは、ヴィルヘルム二世と衝突して辞任した。その後ヴィルヘルム二世は勢力増大を図るようになり、一八九〇年、世界政策が始まったとされる。そこには、世代的な変化とともに、統一後二十年を経てドイツの経済力が増大したことが作用している。

＊2　オーストリアの経済学者フリードリヒ・アウグスト・フォン・ハイエク　Friedrich

August von Hayek（一八九九〜一九九二）の中心的な概念と言える。シカゴ大学出版会の『ハイエク全集』第一巻に、関連論文が編集されて入っている。経済を市場によってではなく、中央政府の計画によって動かそうとする社会主義は、中央政府が収集する経済データが事実に反するものであるため、計画もうまくゆくはずはない、とハイエクは言う。それをできると考えるのが「死に至るうぬぼれ」である。

＊3　ピーター・F・ドラッカー　Peter Ferdinand Drucker（一九〇九〜二〇〇五）。〔一九九五年〕現在最も有名で知恵のあるアメリカの経済学者で文明評論家。「メガ国家」については著書『ポスト資本主義社会』上田惇生・佐々木実智男・田代正美訳、ダイヤモンド社、一九九三年、から。

＊4　厳密に言えば、コロンブスがアメリカの最初の発見者というわけではないが、ヨーロッパ人の地図観を変え、海路によってアメリカやアジアに行くことができることを示した。その後直ちに西欧が強大になったわけではないが、しかし、アメリカの発見と新航路の開設が、ヨーロッパの強大化を画する事件であることは間違いない。

＊5　アーノルド・J・トインビー　Arnold Joseph Toynbee（一八八九〜一九七五）。大著 *A Study of History*, vol. 10, 1934-54.（邦訳書は『歴史の研究』全二五巻、経済往来社、一九六九〜七二年）が代表作であり、文明論の代表的学者であるが、一九五二年BBCの連続講演として「世界と西欧」を行い、多大の影響を与えた。

第2章　核革命の意味

米ソの核政策と代理戦争

冷戦はほぼ百年に及ぶ世界争覇戦の最終段階でした。それが終わったことは、当然、危険と緊張の大幅な減少を意味しています。だが、地球上からあらゆる抗争がなくなったわけではないし、軍事力がその意義を失ったわけではありません。一般化して言えば、今後大戦争はないだろうが、しかし勢力争いはなんらかの形で続きます。そして、かなりの限定つきではありますが、軍事力は意味を持ち続けるだろう、ということです。逆に言えば、軍事力の効用は低下しました。

そこで、以上に一般化して述べた意味を具体的にとらえるとともに、何故そうなったのかを考えてみなくてはなりません。まず、冷戦の終わりによって、何が変わったか、何が変わっていないのかを検討する必要があります。というのは、冷戦はある学者が述べたように「長い平和」という性格を持っていました。不思議なことですが、冷戦にはそうした側面がありました。

米ソの対立は激しいものでしたし、大がかりな軍備競争がありました。一九五〇年から四十年間にわたって、アメリカは国民総生産の六〜一〇%を軍事費に使いましたし、ソ連は体制の違いから計算が難しいのですが、一〇〜二〇%であったと考えられます。平時にこれだけ長く、これだけ多くの軍事費を使った例は歴史にはありません。貯えられた破壊力も巨大で、核兵器は両国とも二万発を超しています。

それに、米ソの「代理戦争」と言うべき戦争がありました。一九五〇年に始まった朝鮮戦争はその典型と言ってもよいでしょう。この戦争は南北に分かれていた朝鮮で北の朝鮮民主主義人民共和国が南の大韓民国を攻撃し、それに対して国連の旗の下にアメリカが大軍を派遣して戦ったものですが、そのアメリカが巻き返して北朝鮮に入り、北朝鮮の政権を打倒しようとしたため、中国が参戦することになったものです。

一時は、戦争の発端について種々の説が分かれていましたが、種々の史料から見て北朝鮮が武力統一をはかり、ソ連がそれを黙認もしくは支援したことはまず間違いありません。その際、ソ連は、いくつかの材料から、アメリカは北朝鮮の武力統一を見過ごす可能性があるし、仮にアメリカが戦うことになっても、アメリカはそれだけ精力を使うのだからソ連にとって損にはならないと計算したように思われます。[*1]

一九六〇年代のアメリカのベトナム介入や一九七九年に始まるソ連のアフガニスタン介入の際にも、代理戦争的な性格が表れました。前者の場合はソ連と中国が北ベトナムに、後者の場合はアメリカがアフガニスタンに種々の援助を送り、それぞれアメリカとソ連により多くの出血を強いました。その他、中東、アフリカ、中南米の種々の抗争もそうした性格を持っています。

こうしてアメリカもソ連も戦ったのですが、直接戦うことはありませんでした。直接に対峙することもできるだけ避けられ、直接対峙したのは一九四八年のベルリン危機と一九六二年のキューバ危機だけです。こうして大戦争が五十年近くなかったということは、歴史上初めてではないが、そう多くはありません。こうなった重要な原因は、核兵器の出現です。

そしてその核時代は予見しうる将来続くでしょう。核兵器の全廃は恐らくありえないでしょう。核兵器をかなり大幅に削減することはできるし、すべきですが、全廃はまずありえないし、またそれほど大きな意味もないのです。というのは、核兵器の製造の仕方はよく知られていて、しかもそれほど高くつきません。だから、いったんなくしても、どこかの国が再び作り始める可能性を考慮に入れざるをえません。知識までなくすことは不可能なのです。今後、われわれは核の影の下に生きて行かなくてはならないのです。

そういう意味で、第二次世界大戦後、すなわち核兵器が開発された後、国際関係は明白に新しい時代に入りました。そして冷戦は、その意味を確かめる過程であったとさえ言えます。

核競争は何故エスカレートしたか

冷戦がその意味を確かめるという過程は長く複雑なものでしたが、簡単に整理しておきましょう。米ソ両国は戦後のかなり早い時期に、核兵器は戦争の抑止以外には使えないものだという判断を下したように思われます。朝鮮戦争のとき、中国軍の攻撃で苦境に立ったアメリカのマッカーサー総司令官が核兵器の使用を示唆し、解任されたのが、核兵器の使用がかなり高いレベルで考えられた最後であったでしょう。

しかし、その後、米ソ両国はおびただしい量の核兵器を作り、軍拡競争が四十年近く続きました（図2－1）。それは一つには、新しい技術が次々に現れたことによります。原子爆弾から水素爆弾へ、爆撃機からミサイルへといったことですが、そのミサイルも正確さが増し、あるいは多弾頭化するという具合に、より性能の高いものになっていきました。結局は現実化しなかったけれども、大陸間弾道弾〔ＩＣＢＭ〕を撃ち落とすミサイルの開

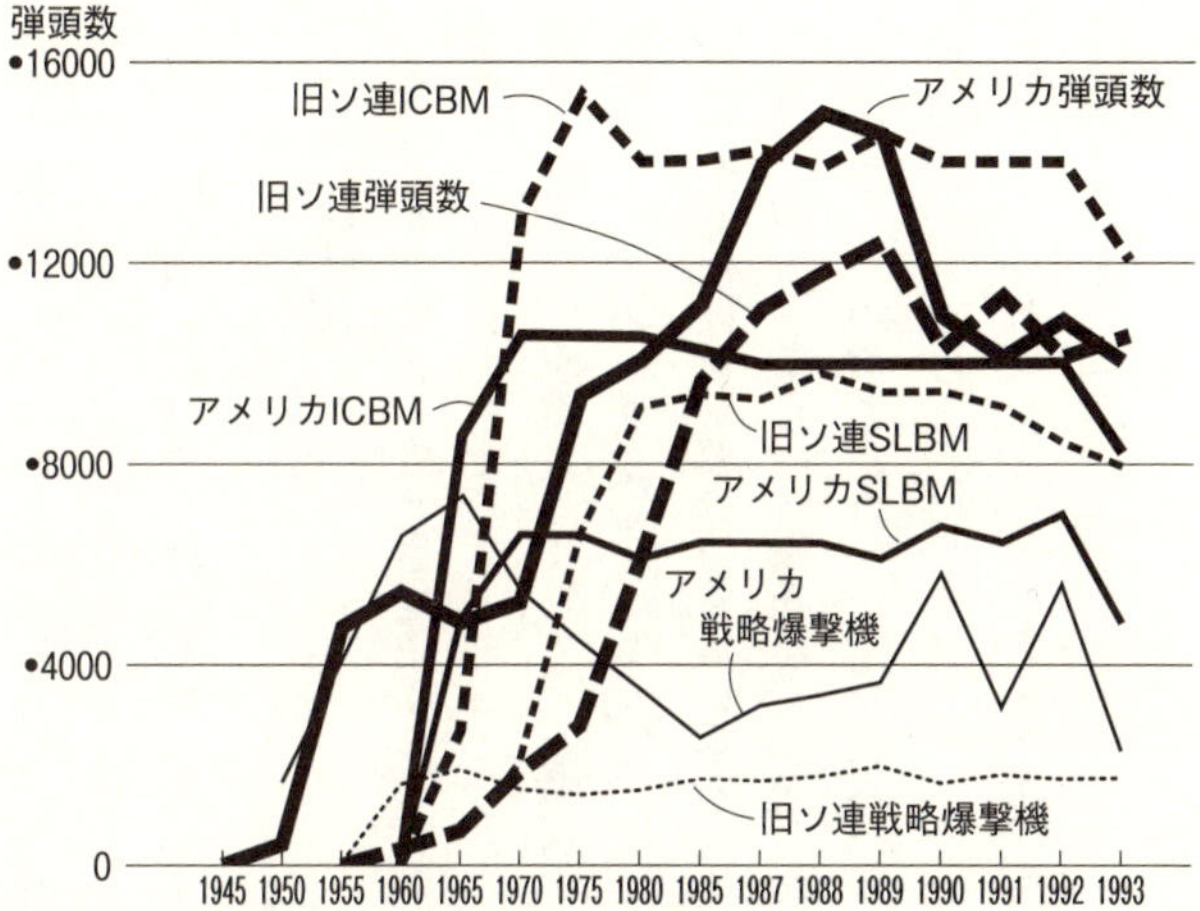

Tom Gervasi, *The Myth of Soviet Military Supremacy*, Harper & Row Publishers, 1987.
The Military Balance, IISS, 1987-88, 1988-89, 1989-90, 1990-91, 1991-92, 1992-93, 1993-94.

図2-1　米ソの軍拡競争

発も行われました。[†1] 新技術の導入を怠って、相手に決定的にリードされることを米ソ両国は共に恐れたのです。しかし、核競争が拡大した重要な理由がそれ以外に二つありました。

第一は、相互抑止を安定させるのが容易ではないことによります。核兵器、それも大陸間弾道弾によって運搬される核兵器はきわめて短時間に、甚大な破壊――ときには文明を一掃するような――を行うものであり、その点でこれまでの兵器と異なります。甚大な破壊をもたらすという特性からそれは使えない兵器なのですが、破壊がきわめて短時間で行われることから、先制攻撃をすることで、自らが反撃されることなく相手を無力化できるのではないかという可能性を生みます。

第二は、強い軍事力を持つものが優越するという心理が核時代にも続いたことです。

米ソの核交渉

第一の相互抑止を安定させることの困難からまず説明すると、米ソの核政策も交渉もその点を焦点としてきました。そして一九六〇年代初めには双方が核弾頭を地下基地に入れたり、潜水艦に配備したりして、非脆弱化、すなわち、相手からの先制攻撃を受けても破壊されないようにすることによって、相互抑止力を保とうとしました。米ソ両国は一九六〇年代初めには核兵器は使えない兵器とみなして、その状況を安定させようとしたのです。例えば、一方が新しい防衛兵器を開発したら、相互抑止のバランスは壊れます。それを自制することが約束されたのが、一九六三年の部分的核実験停止条約であり、それで米ソ関係は安定するかのように見えました。それは、大気圏及び宇宙空間での実験を禁止したものですが、それは現実の効果として大陸間弾道弾を攻撃するミサイルの開発を抑制するものでした。米ソ両国は「恐怖のバランス」を承認したのでした。

しかし、ほどなく、誘導装置の発達によってきわめて正確な着弾が可能になり、そのため地下のサイロに入っているものでも至近距離に核弾頭が落ちれば破壊されるという先制攻撃の可能性が生じました。それとともに、新たな技術の開発によって対ミサイル防衛の可能性が出て来ました。その二つの懸念を除去しようとしたのが、一九七二年の戦略兵器制限条約〔ＳＡＬＴⅠ〕[*2]なのですが、それは双方が相互抑止の状態を認め、安定させるうえ協力した点で、米ソの核不戦条約だと言われました。米ソのデタント〔緊張緩和〕ということが多くの人によって言われました。だが巨大な量の核兵器は残ったし、軍拡競争は緩やかなペースにはなりましたが、技術の発達がつけ加わって、質的な競争を中心に続いたのです。

一九七〇年代の米ソ

一九七〇年代の米ソのデタントがうまくゆかなかったのは第二の理由、つまり強い軍事力を持つものが優越するという心理とかかわっています。すなわち、米ソ両国は核は抑止以外に役立たないと考えていましたが、軍事力を使うことはときとして必要であり、より強いものがより大きな発言力を持つと考えていました。そこで核は抑止に用い、そうでない兵器——それもできるだけ低レベルの——で戦える態勢を作ることが意図されました。低レベルでないと核戦争にエスカレートする危険があるからです。一九六〇年代前半のマクナマラ国防長官が作った柔軟対応戦略[*3]はそうしたものでした。そして一九七〇年代に、アメリカの力もしくは意思の弱まりを見たソ連が採用した戦略も性質を同じくしています。抽象的に言えば、より高い次元でも優越して相手にエスカレートを許さないようにしつつ、低レベルで戦うということです。

それには合理性はあったのですが、しかし低いレベルで戦うためには巨大な兵器体系が要求されることになります。それに、低レベルの軍事力でないと使いにくいとなると、中小国家の抵抗力もかなりものを言います。十九世紀に欧州列強が世界のほとんどを簡単に制覇できたのは、軍事力に差があった上に、欧州以外のほとんどの国にナショナリズムがなく、したがって抵抗の意思も少なかったからです。しかし今や、ナショナリズムが世界に広がって、独立への意思、それゆえ大国の力の行使への抵抗の意思は強まり、それに通常兵器の供給者はやたらに増えたので、軍事力としても抵抗力が増えたのです。アメリカがベトナムで敗れ、ソ連がアフガニスタンで負けた基本的理由はここにあるのです。低レベルの軍事力を使用できるシステムは、カネはかかるが効果は少ないのです。

米ソ両国はこうして生じた巨大な軍事力を持つ必要から疲弊し、特にソ連の場合、体制の崩壊に至りました。

こうして国際政治における力は変質しました。整理すると、まず大戦争は不可能になったこと、次いで大国と中小国家の軍事力の格差が小さくなったことです。もっとも米ソ二超大国が所有した、そして今でも持っている軍事力そのものは中小国家のそれとは比較になりません。しかし、実際に使える軍事力となると、昔よりも開きは小さいのです。

一つつけ加えると、核兵器の出現は人々の軍事力への考え方を変えました。過去においては、軍事力の使用はやむをえないものとされたし、さらには崇高なものとさえ思われました。それが変わり始めたのは第一次世界大戦の後で、その惨禍があまりにも大きなものであったからですが、しかし、うまくやれば破壊を小さくして戦争に勝てるという考えが残りました。核兵器の出現はそうした幻想を完全に吹き飛ばし、人々は原則として軍事力の行使は悪いことと思うようになりました。米ソがゲリラ戦に手を焼き、撤退せざるをえなかったのは、その戦争行為が自国の世論の強い反対を受けたためでもあるのです。

心理的な力、互選的な力

以上のような意味で国際政治における力は変質しました。やがて詳しく論じますが、だからと言って経済力の時代になったと言うことは正しくありません。経済力は確かに力の重要な構成要因ではあるが、それが軍事力に完全に代替することはありません。それに、経済力を用いて強制する際のコスト、すなわち、経済制裁のコストも大きいのです。ある国に損害を与えるような行動は自国も含めて、その他の国にも損害を与えるからです。つまり、アメもムチもかつてのような明白な効果はなくなりました。

そこで間接、もしくは心理的な力が重要になってきます。それをアメリカの国際政治学者J・S・ナイ[*4]は「互選的な力」と名づけました。すなわち、「他国をして自らが望むようにさせる能力」ではなくて、「他国をして自らが望むものを望むようにさせる」能力です。たとえば、民主主義を世界に広めることは、アメリカの対外政策の重要な目的の一つですが、それをアメリカが押し付けようとしてもうまくいきません。しかし、各国が自らそれを望むようになれば話は別です。その際、民主主義という理念そのものの普遍性、それを世界に訴えかける情報能力、さらには、モデルとしてのアメリカの魅力といったものが重要であることは、理解されると思います。より一般的に言えば、自らの理念や主張の魅力、政治上の争点を設定する能力、そして人々の好みを形成する能力が重要です。文化の普遍性と国際機構における発言力といったものも大切です。そのことから「アメリカの世紀」はしばらく続くでしょう。その基本的な理由は、英語が国際語であり、世界の情報システムの中心がアメリカだからです。

日本と比較すればそのことは理解できます。日本の経済力は確かに大きい。その意味で日本が大国ではないという主張は間違っています。日本の軍事力は小さい。しかし、それよりも日本の文化が高度に島国的であることと、国際機構における発言力が小さいことの方が重要かも知れません。日本はアンバランスな大国なのです。よりバランスのとれた存在になる必要があります。もっとも、私は軍事力を他の大国のように強化することが正しいとは思いません。それは望ましくないだけでなく、多分不可能ですし、間違いなしに無理を伴います。しかし、軍事力が小さければ、日本は独自の存在で、そのことによって発言力も増すだろうというのは間違いなのです。互選的な力はなんとかして増大させなくてはならないと、私は信じています。

私がそう思うのは、以上の考察から、「力」がきわめてとらえ難くなったこと、そして時と状況によって軍事力と経済力と互選的な力とが、それぞれに有効ではあるが、過去の軍事力のように、すべての場合に決着をつける手段ではなくなったのです。軍事力、経済力、互選的な力、の三つの構成要因の適切な組み合わせが必要になるのですが、そのようにバランスのとれた国力を持っているのは、現在はアメリカしかありません。他の大国はすべてアンバランスです。

核の周辺化

それはともかく、国際関係を考えるとき、三つの構成要因のそれぞれについて考える必要があります。だから、自らがどの程度参加するか否かは別として、軍事力の問題も考えておかなくてはなりません。

以上は核時代の国際関係の特徴であり、そこから「長い平和」と呼ばれる状況が生まれたのです。それでは、冷戦が終わったことによる変化は何なのか。第一は米ソの核政策が変化したことであり、第二は「代理戦争」[*5]がなくなるだろうということです。

まず、第一の点ですが、米ソは戦術核を廃棄することで合意し（一九九一年）、戦略核のアラート（常時使用可能体制）をやめました。そして、戦略核兵器を初めて大幅に削減することに合意しました。それは米ソの勢力争いが、ソ連の崩壊によって終了したので可能になったのですが、核兵器の数が減ったということは尽きない重要性を持っています。この章の初めに私は、核はなくならないだろうと述べましたが、取りあえず重要なことは、核を持つか廃絶するかではなく、核が使われないことをどのような仕方で、どの程度確かなものにするかということにあるのです。それは優れた外交官ジョージ・F・ケナン[*6]が一九五〇年に論じたことでした。

ケナンは一九四七年にアメリカの政策となった「封じ込め政策」の立案者で、それゆえ反共産政策の企画者として知られています。確かにケナンは反共産主義者でしたが、しかしその言葉によって、力ずくで共産主義に対抗しようとする人間を思い浮かべるなら、宣伝に毒された感覚がそうさせると私は言いたいのです。彼の外交思想は複雑、微妙で、「封じ込め政策」が軍事的性格を強めるにつれて、アメリカ外交の批判者となっていくのですが、その最初の批判的言動が水爆の開発に疑義を唱えたことでした。一九五〇年ごろ、アメリカの原子爆弾の独占は終わり、そこで優位を保つため、より大きな破壊力を持つ水素爆弾の製造を開始すべきかどうかが、アメリカ政府の中で深刻な問題となっていました。

そのとき国務省政策企画委員長であったケナンは、水爆の開発に疑義を唱えたのです。大量破壊兵器は結局のところ使えない兵器であり、緊張を高めるだけだと彼は考えたのであり、アメリカの専門家には同じ意見が少なくありませんでした。しかし、水爆開発論者たちは、ソ連が作るだろうと論じ、その議論は有力でした。事実、後日分かったことですが、ソ連は原爆を作ると同時に水爆の開発を始めていましたから、アメリカも水爆を開発すべきであるという意見は正しかったことになります。いずれにしても、アメリカ政府は水爆開発に踏み切りました。それでもケナンは一九五一年に次のように論じました。

「原子兵器の禁止と国際管理のシステムがない以上、『若干』の大量破壊兵器を抑止や報復の目的で貯蔵するべきだとの見解があっても、それ自体は問題にされる筋合いのものではなく、問題はいったい何の目的で、またどういう主体的姿勢を背景にそうした兵器を開発し、わが国の軍隊にそれを使用させようというのか、という点だ」[*7]

ケナンは二つの選択肢があると述べました。

「そうした兵器を、われわれが将来、戦争を遂行する場合に必要不可欠なもの、それなくしては戦争計画が無力化され有効性を失ってしまうもの、あらゆる道義やそれに関連した要因を無視して、大きな軍事衝突が始まれば時を移さず、ためらいなく使おうと決意しているものとみなしてみよう。この場合、われわれはその決定からどんな結果が生じようと受け止める覚悟が今からできていなければならない。また、原子兵器の禁止と国際管理に関する協定を成立させようとする国際的話し合いには明らかに加わるべきではないだろう」[*8]

「核兵器はわが国の基本的な軍事体制にとっては不必要だが、万一敵国によってそれが使われる可能性に備えて保有せざるをえないものとみなしてみよう。その場合、もちろんわれわれは軍事政策の決定に際して、核兵器に依存し過ぎることがないよう気を配るようになる。核兵器が金と手間のかかるお荷物である以上、われわれは抑止と報復のために必要な最小限の核兵器を保有することになる。そして、もしわれわれが望むなら、核兵器の国際管理計画を達成し、一日も早くこの最小限の核兵器をも放棄することをわれわれの目標とすることもできよう」[*9]

ケナンはもちろん後者が正しいと考えていたのですが、米ソ両国はケナンの希望と逆の方向に進みました。核兵器が兵器体系の中で、中心的な地位を占めるものとされ、すぐに使えるアラートの体制が作られました。さらに、局地戦にも使えるよう戦術核兵器が作られ、ヨーロッパをはじめとしてあちこちに配備されたのでした。一時沖縄にも置かれていました。もっとも、かなり早くから、その無意味さを認識する人は少なくなかったようです。

個人的な回想になりますが、沖縄の返還が現実の可能性となったとき、そこに置かれていた核兵器をどうするかが深刻な問題となるように見えました。しかし、一九六九年一月の京都会議で日米の専門家が集まったとき、アメリカの専門家たちはほとんどが、戦術核兵器をあちこちに置くのは必要でないどころか危険でもあるという意見を表明して、われわれを驚かせると同時に安心もさせました。それで沖縄の核問題は片づいたのです。しかし、全面的に世界中の核兵器を後退させることはそのころから考えられてはいたし、マクナマラなどが公然と主張したのですが、反対もあって実現しなかったのです。それが冷戦の終わりとともに実現しました。

アラートの廃止と戦術核兵器の引き揚げは、核の所有は続けるが、使わないことを確実にするため、まず倉庫に入れるということを意味しています。核兵器の意義の減少が起こったのであり、こうして冷戦の終わりとともに、ケナンが志向した方向に進み始めた、と言うことができます。それは核兵器に中心的な意義を与えないようにし、いわば末梢的にすることと言えるでしょう。最近は「周辺化」(marginalization) という言葉が用いられますが、それがとるべき方向であると、私は信じています。だが、この過程をさらに進めるためには、三つのことが必要です。

核と通常兵器の拡散防止が必要

第一は米ソをはじめとして核保有国が最小限にまで核兵器を減らすことです。どこまで減らすのが安定的かは実は難しい問題ではありますが、さらに減らし、使いにくいけれども相手からの攻撃で壊れにくい場所に置くことによって、核兵器はより確かに「使われない兵器」になります。

第二は核拡散を防止することです。技術の発達によって、ケナンが言ったような、核兵器は金と手間のかかるものではなく、かなり作りやすいものとなりました。そして、核兵器が拡散したら、米ソの二極体制時代とは別種の危険が生ずるでしょう。例えば局地的な使用ということです。ただ、この点でも世界は悪い方向に行ってはいません。南アフリカがこっそり作った核兵器の廃棄を宣言し、ブラジルとアルゼンチンが製造計画の中止とそのための相互査察を決めました。一九九五年は核拡散防止条約の期限が切れ、その延長が問題になり、そして一応無期限の延長が合意されました。しかし、現在の核拡散防止体制には問題がないわけではありません。特に米ソ中英仏の五大国――国連安全保障理事会の常任理事国と不幸にも一致しています――の核は容認される一方、それ以外の国々は核を持たないことを約束する点で、明白に「不平等」なものであることは否定できません。しかし、私はそれは現実の不平等であるよりも見かけのものであると考えるのです。核兵器を所有することの無言の重みまで否定するつもりはありませんが、核兵器は結局は使用されえない兵器なのです。だからまずは、その使用されえないことを確かなものにすることが必要であり、そうなれば核兵器はケナンが述べたように「金と手間がかかるお荷物」とみなされるようになるでしょう。その結果、いつかある核保有国が核を廃絶する方が得だと判断するようになるかも知れません。少なくとも、核を保有しないことの利点は小さなものではないのです。世界でのイメージの上でプラスだし、少なくとも「お荷物」の管理に心を悩ます必要もありません。

これに対して、新たな核保有国が出現する場合、核が使われる危険性は増大します。それも単純に確率的に考えてそうなのではなくて、少数の核を持つ国は危機に際して先に使う以外にないと考えられます。もちろん、その場合でも使うのは容易ではなく、使えるのは自国の存亡がかかっているときぐらいのものでしょう。そこにいくつかの国が核兵器を無理をしても持とうとする理由があります。しかし、それは核兵器の使用の可能性を現実のものとすることであり、せっかく核兵器は使われないというイメージが強まっているのを逆行させます。目下の必要は、核兵器が使われないという信頼を強めることにあります。

もっとも、そのためには核保有国の義務を現在よりも強める必要があるでしょう。すなわち、核兵器をさらに削減することに始まって、核を先に使用しないことを明白に認めることなどです。さらに、核実験は核兵器の存在を誇示するがゆえに、核拡散の危険を増やすので、無期限に止めるべきです。

さらに第三に、核兵器さえ管理すればそれで済むというわけではなく、通常兵器、特に大量破壊力を持つものやハイテクを使ったものの拡散を防止する必要があります。発達した兵器は地域的紛争のレベルを高めます。逆にミサイルなどの制限は核拡散の防止にも役立ちます。この点で、冷戦後、武器貿易がほとんど減っていないことは憂慮すべきですし、このところアメリカが武器の輸出を大幅に増大させた[*10]ことはきわめて遺憾であると言わなくてはなりません。私はアメリカの核政策は紆余曲折はあったが、大体正しい方向に進んで来ていると思いますが、武器貿易政策は妥当なものでなく、不可解でさえあります。この問題も決して簡単ではなく、核兵器の問題よりも難しいとさえ言えますが、しかしなんとかしなくてはならないことは間違いありません。

紛争処理メカニズムの不在

最後にもう一つの変化である「代理戦争」の減少について、簡単に触れておきましょう。これまた、それ自身はよいことです。さらに米ソの対立の弱まりが、米ソの合意を可能にさせるものでもあり、その結果、冷戦時代には不可能であった国際連合の平和維持機能が復活する可能性も生まれてきました。湾岸戦争〔一九九一年〕はその事例です。

しかし、ここで現実主義的な考察も必要です。冷戦には「長い平和」という側面が存在してきましたが、その一つのメカニズムは逆説的なものでした。すなわち、世界中のほとんどすべての紛争が米ソ両国のかかわるところになり、そのため緊張は高まったが、米ソが直接戦わないことを決意している以上、米ソは交渉を通じて、紛争を処理したのでした。その際米ソ両国は自国の利益から行動したことは間違いありませんが、しかし、米ソのかかわりが紛争処理のメカニズムともなってきたことは事実なのです。大国の介入が地域的紛争をエスカレートさせた面もあり、普通その面が強調されますが、現実は同じ内戦でも一九六〇年代半ばのインドネシアやナイジェリアの事例のように、米ソがなんらかの理由でかかわらなかったところの方が死傷者は多かったのです。

つまり、罪深くはあっても米ソのかかわりは地域紛争を処理するメカニズムでもありました。冷戦後は、米ソが地域紛争をかき立てることは少なくなりましたが、その処理のメカニズムも弱くなりました。そして、地域紛争処理のメカニズムは国際社会の安定と平和のために必要なものなのです。実際、冷戦後の世界にとって内戦が問題であると言われるのはこうした事情からなのです。次章ではそのことを扱うことにしましょう。

＊1　朝鮮戦争は一九五〇年六月二十五日未明に、北朝鮮軍が三八度線を越えて武力南侵したことで始まった。その行為は計画的に調整された意図的なものであったし、ソ連の事前の承認と援助なしには不可能なものであった。

北朝鮮軍の南侵を承認したソ連の意図については、今日まで定説がないが、おそらく一つの目的から説明することはできない。①ソ連はベルリン封鎖の失敗による威信の低下を取り戻そうとしていた。②アメリカが対日早期講和を行い、日本における基地を確保することが明らかになったのに対抗した。③米軍は一九四九年六月に韓国から撤退しており、種々の発言から米政府は韓国を重要視していなかったので、南侵に対応しないと考えられた。④万一アメリカが戦えば、アメリカの力は分散する。⑤中国も対処せざるをえず、米中関係は緊張し、中ソ関係でソ連は優位に立てる。以上のようなさまざまな考慮の結果、ソ連は南侵に承認を与えたのであろう。

＊2　米ソが一九七二年五月二十六日に結んだもので、一九七九年にＳＡＬＴⅡが結ばれた。大陸間弾道ミサイル（ＩＣＢＭ）については、アメリカ一〇五四基、ソ連一六一八基、潜

水艦発射弾道ミサイル（SLBM）は、アメリカ四四隻・七一〇基、ソ連六二隻・九五〇基に凍結した。同時に、弾道弾迎撃ミサイル（ABM）制限条約も結ばれ、米ソ両国は相互確証破壊を承認し合った、と言うことができる。

＊3　一九六〇年代初め、マクナマラ国防長官時代に作られたアメリカの戦略。低レベルの紛争から核兵器の使用を含むものまで、すべての態様の侵略に対する能力を持ち、それぞれに適切な対応をとるというもの。

＊4　ジョセフ・S・ナイ Joseph S. Nye（一九三七〜）。アメリカの国際政治経済学者。『不滅の大国アメリカ』久保田伸太郎訳、読売新聞社、一九九〇年、で、現在の力の性質について論じた。

＊5　核兵器は使用目的、射程、爆発威力の大きさによって戦略・戦域・戦術核兵器の三つに分けられる。戦略核兵器は主に米ソ本土間で長距離運搬手段を用いるもので、大陸間弾道ミサイル、潜水艦発射弾道ミサイル、長距離爆撃機を使用する。戦域核兵器は米ソの両国に対するもので、現在では中距離核戦力と呼ばれ、中距離地上発射ミサイルを運搬手段とする。戦術核兵器は戦場での軍事目標の攻撃に使用され、小型のものになると、通常兵器との区別のつきにくいものもある。

＊6　ジョージ・F・ケナン George Frost Kennan（一九〇四〜二〇〇五）。アメリカの職業的外交官。一九四七年にアメリカの政策となった「封じ込め政策」立案者として有名。ただし、ケナンの外交思想はより複雑、微妙である。退役後はプリンストン大学教授として外交評論を行うとともに、優れた外交史研究書を書いている。

＊7　引用はジョージ・F・ケナン著『核の迷妄』佐々木坦・佐々木文子訳、社会思想社、一

九八四年、から。

＊8　同前。

＊9　同前。

＊10　武器の輸出は各国の発表の信頼性に問題があるため、とらえがたいが、アメリカのランド研究所大学院学院長・ウルフ博士によれば、一九八〇年代後半は世界の武器貿易額は五五〇億ドルで、そのうちアメリカは二五％、一四〇億ドル弱であった。一九九四年現在は世界の総額五〇〇億ドル強のうち、六〇％強で、三一〇億ドルには達すると思われる。「ウォールストリート・ジャーナル」も同様のデータを示している。

†1　〔編集部注〕冷戦後、米露以外の各国でも発射実験が行われるなど、世界的なミサイル拡散が進んだ。二〇〇一年十二月にアメリカはＡＢＭ条約（＊2参照）からの離脱を通告。以降、ミサイル技術の複雑化・高度化とともに防衛手段としての迎撃ミサイルの研究開発も続いている。

第3章　内戦の時代

民族紛争の多発

冷戦後の世界の深刻な問題として内戦、特に民族紛争が挙げられます。確かに、この二、三年間の報道を思い起こしていただければ、その深刻さは明らかです。ユーゴスラビアが解体する過程で内戦が起こり〔一九九一年〜〕、特にボスニアでは「民族浄化」ということで、住民追放、強制収容所への収容、婦人暴行などの蛮行が行われました。それは解決されなかったけれども、やっと一休みになったと思ったら、今度はルワンダです。二、三か月の間に一〇〇万人以上が死んだとも言われています〔ルワンダ虐殺、一九九四年〕。こうした情景はテレビでも生々しく伝えられましたから、皆さんもそれを見て衝撃を受けられたはずです。そして、ユーゴスラビアの内戦は再び激化するという始末です。

しかも、これらは最も目立つものを挙げただけで、世界の各地の同種の紛争を数え上げ

④北オセチア共和国

オセット人とイングーシ人

92年11月に停戦合意は成立したが、完全実施されず、その後も戦闘は続行。

⑤アゼルバイジャン共和国

アゼルバイジャン共和国とアルメニア共和国

93年3月、全欧安保協力会議は、国際監視団の派遣を決定。同5月には、国連の安保理が即時停戦を求める決議を採択。停戦合意は成立したが、完全実施には至っていない。

⑥ウズベキスタン共和国

ウスベク人とキルギス人

現在、特に目立った戦闘は報告されていない。

⑦タジキスタン共和国

現政権支持派と前政権支持派

アフガニスタンのゲリラが前政権支持派を支援。92年に国連からの調停使節団派遣やロシアからの個人代表・コーズィレフ外相が調停に当たったが、緊張は継続。アフガニスタン・ゲリラの越境など、周辺国をも巻き込む様相。

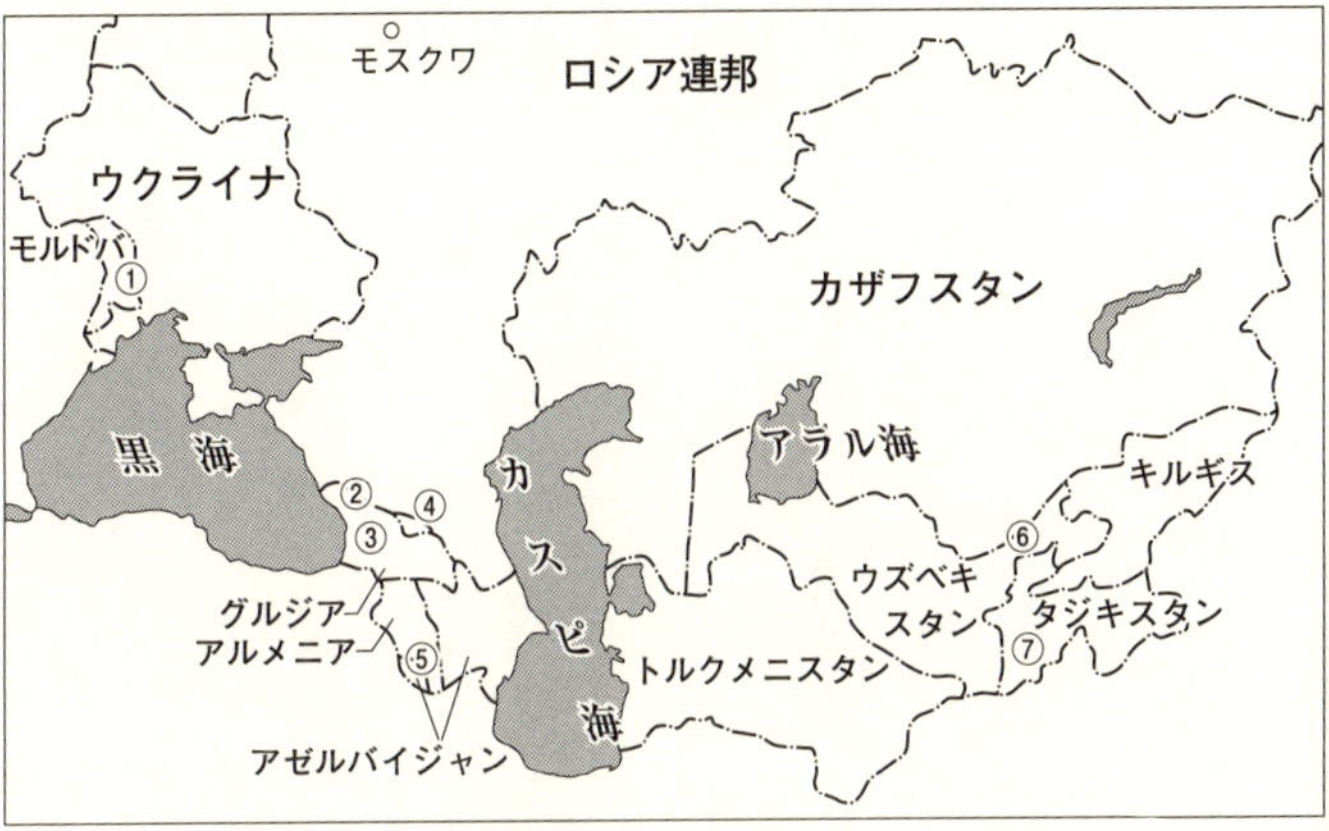

①モルドバ共和国

モルドバ人とロシア系住民・ガガウズ人両勢力の引き離し完了。92年7月ロシアとモルドバ共和国の会談において、ドニエストル共和国（ロシア系住民により独立宣言）のモルドバ内での地位を確定する方向を確認した。

②グルジア共和国

グルジア人とアブハジア人
93年8月、国連安保理は軍事監視団の派遣を決定。締結された休戦協定は破られ、93年10月、アブハジア軍によりスフミが陥落した。

③グルジア共和国
〔現ジョージア〕

南オセチア自治州
92年7月、グルジアの全面撤退で兵力引き離し完了。引き続きロシア、グルジア、南北オセチア4者による合同管理委員会が管理する。

図3-1　旧ソ連邦地域における武力行使を伴う民族紛争

てゆけば相当の数になります。旧ソ連ではグルジア〔現ジョージア〕やアルメニアの紛争は多くの犠牲者を生みましたし、タジキスタンでもやや小規模ながら内戦が戦われています（図3－1）。アフガニスタンではソ連が撤退したのですが、その後に訪れたものは平和ではなく、部族間の闘争の激化でした。首都カブールはソ連軍がいたときにはあまり破壊されていなかったのですが、その後、市街地はほとんど破壊されました。アフリカではルワンダ以外にソマリアの内戦が報道されましたが、それ以外にスーダン、アンゴラでも内戦が戦われていますし、少し前まで内戦が激しかったモザンビーク、リベリア、西サハラなど、実に多数に及びます。

中東では南北イエメンが戦い、クルド人問題があります。南アジアではタミール人の独立運動が長くくすぶってきましたし、それに最近ではヒンズー教原理派団体が暴力事件を繰り返しています。われわれに近いアジア・太平洋圏ではその種の内戦は少なく、カンボジアもだいたい収拾されましたが、完全に収まったわけではありません。こう見てくると、世界は内戦の時代に突入しつつあるのかという危機感も生まれてきます。

冷戦から内戦へ

もっとも、ここでまず私は、内戦が最近になってにわかに多くなったわけではないことを注意しておきたいと思います。何事につけてもバランスのとれた見方が必要だからです。実際、第二次世界大戦後、内戦は絶えず起こってきましたし、その中には一九六五年のインドネシア[*1]、少し後のナイジェリア[*2]のように数十万人が死ぬという悲惨なものもありました。私は内戦は最も悲惨な抗争だと思います。ただ、内戦はそのころ、それほど注目されませんでした。一つの理由は冷戦が人々の注目を奪っていたからです。それが今や、内戦を放置することはできないと人々が考えるようになりました。それはテレビで悲惨な映像が茶の間に飛び込んでくるようになったことによるところが少なくありません。冷戦の終わりと世界同時放送が人々の意識を変えたところがあります。もっとも、冷戦の終わりが人々の注意を内戦に向けただけではありません。

内戦の種子

冷戦が内戦の種子をまいたということもあります。冷戦は主として米ソがその勢力を伸ばそうとして争ったものですが、その一つの形は内戦で相争う勢力を支援することでありました。カンボジアでもアンゴラでも、それが内戦を激化させ長引かせたことは否定できません。ソ連がアフガニスタンに軍事介入したのは悪いことでしたが、反ソゲリラをアメリカは助け——それが悪いこととは言えないにせよ——それが抗争の習慣と大量の武器をアフガニスタンに導入した面があります。そうした米ソの抗争から生じた介入は今後は起こらないでしょうが、いったん崩壊した秩序は簡単には戻りません。さらに言えば、米ソは介入し、失敗して、撤退してしまった面があります。外部勢力の介入には、その土着の秩序をこわす面と、力ずくではあっても秩序を回復する面の両面があります。今やその前者の災いが残ったと言ってよいでしょう。

より重要なことは、第1章で述べたように、冷戦時代に抑えられていた抗争が噴出したということです。それは旧ソ連およびソ連圏で顕著に見られることで、そこでの独立運動や内戦は共産主義政権が倒れ、ソ連が解体したため、それまで良くも悪くも維持されてきた秩序の崩壊をもたらしたためににわかに表面化した、と考えられます。最も明白なのは、多くの民族がソ連の内部で、ソ連の力が強かったときには独立運動には成功の見込みはまずなかったので、おとなしくソ連の中にいたのでした。それが、エストニア、ラトビア、リトアニアのバルト三国が独立し、またウクライナをはじめ多くが独立しCIS（独立国家共同体）に参加すると、それ以外の民族も独立を考えるようになります。

ユーゴスラビアの内戦は、もう一つの事例で、冷戦の緊張感がかろうじて統一を守っていたという面があります。第二次大戦後はともかく独立することが大切でしたし、それに続いてソ連との対立がありました。その中で独立を保たなくてはならないという思いがあったし、その際、西側の一員となることも考えられませんでした。こうして作られていたユーゴスラビアへの忠誠心を冷戦の終わりが消滅させたのだと言うことができます。

しかし、以上のように考えるなら、冷戦の終わりが独立運動や内戦をもたらした基本的な原因ではないということになります。そうした原因は前からあったのだが、それは眠っていたにすぎないということができます。それに少し前に述べたように内戦は冷戦の抗争と無関係に戦われてきたことを考えると、どうやら現在は歴史上内戦の多い時期のようであり、それに対処しないと国際秩序はできません。この点でＰＫＯ活動に多くの期待がかけられるようになったのは当然ですし、いくつかは成功しました。しかし、失敗も多いのです。民族紛争や内戦はまことに困難な問題なのです。それは現代社会の根本的問題が極端な形で表現されたものと考えられるからです。

民族・国民・人種という言葉

理論的に言えば、内戦は人間の活動範囲が歴史に前例がないほど広がり、人々の活動が国境を越えて相互に浸透し合うようになった時代を特徴づけるものなのです。その点を解明するのがこの章の課題ですが、そのためにまず少々言葉の整理をしておかなくてはなりません。私はこれまで民族紛争という言葉を用いてきましたし、それが一般の用語法なのですが、しかし、ごく正確な言葉というわけではありません。それは日本語の事情と、事実それ自身の性質によります。まず、日本では民族と国民と人種の区別があいまいで、これらがしばしば混用して用いられます。ここでは民族あるいは国民は政治的概念であり、人種は生物的概念と一応整理しておきましょう。

人種（race）は、政治現象を考えるときに狭すぎて窮屈な概念のようです。人種がただちに政治的・社会的な意味を持つわけではありません。

部族（tribe）は日本語でも意味ははっきりしていますが、近代国家以前の血縁共同体ということです。アフリカの内戦は××族と××族（ルワンダではツチ族とフツ族）の間の抗争が多いのです。そんなことで、最近「エスニシティ」（ethnicity）という言葉が用いられますが、この言葉にはよい翻訳がありませんし、ある外国の学者はいかようにも定義できる言葉だと述べています。それも不思議ではありません。政治は人間が集団を作り、その集団の中と相互の間の営みを行うものと言えますが、何を原理として、どのような集団を作るかについては、答えは簡単ではないからです。

近代と国民国家

近代世界の政治の基本的な単位である民族国家は特にそうです。もっとも、ここでは定義について、詳しくは論じません。ただ、大切なポイントとして、第一にそれが近代の産物であることに注意しておきましょう。第二に、それは強い力を生み出すが、緊張をはらむものであるということです。というのは、民族のさまざまな定義において共通して出てくるのは、共同体を作り、自分たちで、そして他に不当に介入されずに政治を営もうという意味です。しかし、そうした意思はどのようにして生まれるものなのか。その点に関し、人種・言語・宗教の共通性などが挙げられていますが、どの一つが不可欠というわけではないし、それだけで十分でもありません。なによりも大切なのは「共通の記憶」だと十九世紀のイギリスの思想家ミル[*3]は述べています。しかし主観的条件と客観的条件の比重をどう考えたらよいのでしょうか。

日本のように、その二つの間にほとんど乖離《かいり》がないときには問題はありません。また、イギリスやフランスのように長い時間をかけて民族国家になった場合は「共通の記憶」がものを言います。しかし、ある地域にどうしようもないほど多くの人種や宗教があるときはどうでしょうか。また、急いで民族国家を作らなくてはならないときにはどうでしょうか。主観的条件と客観的条件は共におおむね満たされなくてはならないが、それは容易ではありません。

そのように面倒なものが世界に広がらなくてもよい、と言う人もいるでしょう。古代や中世では民族は政治的にそう重要でなかったし、近代でも第一次世界大戦までオーストリア・ハンガリー帝国[*4]（図3－2）があって、多様な構成員に一応の秩序と平和を与えていたし、トルコの安定化機能[*5]も無視できません。だから、「民族自決」などと抽象的な原則を絶対的なものであるかのように振り回した人々が悪い、と言われるかも知れません。事実、そうした議論はこれまでにあったし、それが完全に間違っているわけではありません。

しかし、理論が民族国家やナショナリズムを生み出したわけではありません。近代がそうしたのです。産業社会は分業と競争の社会ですし、そこで人々はそれまでにない協力の仕方を求められます。それ以前には、平均的な人間の生活はほぼ自然村に限られていました。生活は基本的に自給自足であり、生まれた村から人々が足を踏み出すことはまれでした。しかし、産業社会では人々の生活は自然村を超えて、広範囲に関連し合うようになります。それを中央政府の下に強力にまとめ上げるのが近代国家なのです。郵便や鉄道を発達させ、公衆衛生に責任を持つ必要があるのは分かりやすい道理です。それは国の官僚制を大きくさせます。これらは近代国家の発達で見られたことです。

しかし、政治との関連で最も重要なのは教育です。一つには、右に述べたような密接な結びつきは国民相互と、国民と国家の間のコミュニケーションの必要を高めます。それがなければ組織の中での緊密な協力はありえないからです。そのため、話し言葉を標準化し

「アステイオン」1992年冬号（TBSブリタニカ）

図3-2　第一次世界大戦前のオーストリア・ハンガリー帝国

たものとしての国語が生まれ、それが教育の中心的機能となったとホブズボーム[*6]は述べています。

ゲルナー[*7]はより根本的に産業化と教育と国家の関連を論じています。すなわち、産業化は抽象的で合理的な思考を持つ人々を必要とするのであり、そうした教育がそれまでの伝習（丁稚奉公や内弟子）にとって代わりました。そのために必要な制度は巨大なものであり、したがって国家しか行うことができなかったし、また、文化的な統一性を与える必要から国家が責任を持つようになった、というのです。教育に対する権限こそ近代国家すなわち国民国家の中心的なものだ、と彼は言っています。

内戦の力学と要因

国民国家は国民の間の強い凝集性を必要とするようになった近代の産物であり、時間をかけて円滑にその過程が進んだ所もあったが、そうでない所も多かったのです。

ここで、先に述べたように、近代産業社会に二つの相矛盾する力が作用していることを思い出してください。一方では強い凝集力が求められますが、それは相当の同質性を必要とします。しかし他方では人間の行動と相互作用の範囲が広がります。それに、独立を維持するという国家の機能を考えると、この点からもある程度の大きさが必要なのですが、そうした広い地理的範囲において同質性を作り出せるとは限りません。そうした広い範囲の中に、さまざまな人種がいて、多くの異なった言語が語られ、いくつかの異なった宗教が存在するような場合には、同質性を作るのはひどく難しい。それは必ず反発を生みます。

具体的な例をとって考えてみましょう。まずオーストリア・ハンガリー帝国、より正確にはその前のオーストリア帝国です。それは多くの人種を緩やかに統合した帝国でしたし、その限りにおいて大体うまくいっていました。しかし、それでは近代国家にはなれません。十九世紀の半ばごろからオーストリアは明白に近代化を目指し、中央集権の度合いを強めようとします。それに比例して、オーストリア帝国への反発が強まるのです。そのことは言語の問題を考えてみれば分かります。[*8]

先に述べたように近代国家にとって教育はきわめて大切なものです。それは国民にとっても大切で、簡単に言えば、よい教育を受けた者が社会で成功する可能性が大きいということになります。そこで国語もしくは公用語を何にするかが大問題になります。子供のころから使っている言葉で教育を受けるものの方が、そうでないものより成績がよくなることは否定できません。

現在のチェコ、昔のボヘミアはオーストリア帝国の一部でした。オーストリアは必ずしも力ずくで統治していたわけではなく、ボヘミアから議員も選出されていました。しかし、十九世紀末から第一次世界大戦にかけて、公用語が大問題になります。ボヘミアの人々は彼らの言葉を公用語にすることを求めたし、オーストリア帝国の中にはそれを認めようという人々もいました。しかし、ボヘミア語を公用語として、例えば官僚の採用試験に使うとすると――もちろん、その仕方にもよりますが、二か国語にしたりすれば――今度はボヘミア人の方が有利になってしまいます。それぞれ一か国語でよいとすると、今度はまとまりがとれない。そこでオーストリアの頑固派が反対して、公用語を増やす案が議会で流産し、それ以後議会は事あるたびに対立が生じ、機能しなくなってしまったのです。

オーストリア帝国が基本的には妥協で事を運ぼうとしてうまくいかなかったのに対し、ロシアと旧ソ連は強引に力で抑えつけた事例だと言えます。もっとも、ソ連建国当時は「民族問題」を理想主義的に解決しようとした試みもなされたので、一時は帝政ロシアの中にいた多くの民族――例えばウクライナ――などが独立します。しかし、それらはほどなくソ連に吸収されました。しかし、その民族的不満は残ったのであり、ソ連の力が弱まるとともにその不満が噴き出て、ソ連は解体したのでした。しかし、それで安定したわけではないことは最近の事態が示しています。

もう一つは西欧列強の植民地のように、外から強引に近代的行政制度を持ち込もうとしたことです。これらの場合、古い社会の秩序は破壊されたが、それに代わる国家の制度はできていません。西欧列強はほとんどの場合、教育をし、官僚制も作るなど、制度作りに努力したのですが、しょせんは外部からの押し付けで、定着しませんでした。

以上見てきたように、内戦は二つのタイプになります。旧ソ連や旧ユーゴスラビアの内戦は第一のタイプであり、ソマリアやルワンダは第二のタイプです。別の基準で言えば、前者は分離独立の動きがもたらすものであり、後者は誰が国を支配するかをめぐるものです。その多くの場合、善意もしくは勢力拡大欲などからさまざまな時期に外部からの介入があり、それが事態をさらに困難なものにしています。

国家とエスニシティの分裂

もっとも、以上の説明は機能主義的すぎてエスニシティの問題の一般性と強烈さを過小評価しているかも知れません。人間の集団形成には非合理的な要素があるのです。フランスの国際政治学者ピエール・アスナー[*9]はそのことを社会と共同社会という概念を用いて説明しました。社会とは個人や制度の間の交換、競争、協力のネットワーク組織であり、合理的なものです。その範囲は拡大し、今やほとんど世界大になっています。これに対し、共同社会は家族や家族のような紐帯に基づくものであり、アイデンティティ、統一、自律を志します。それは人間やものや情報が絶えず流れ、また官僚制に基づく制約や技術的制約に基づく近代社会によって脅かされているのを感じます。しかし近代社会の方が経済的に社会的に魅力があります。

アスナーは、民族国家はこの二つの必要、社会の必要とエスニック（ethnic）な共同社会の妥協だとします。一方では「国語、教育、共有の記憶や神話によって、温かさや共同社会の根や要素のいくらかとのつながりを保ちます」。しかし他方では、「その大きさな規模、非人格的法律官僚組織」を通じて、近代社会の必要をなんとか満たします。そして、「民族国家が後者の方向に傾きすぎるとき、エスニシティの復活を招く」のだ、と彼は言います。こう見てくると、内部分裂や内戦はすべての近代社会の底にある危険だと言うことになります。これはわれわれが忘れてはならない根本的事実ですが、内戦がそうした人間存在の基本的なジレンマと関わることだけをここでは指摘して、内戦の時代にわれわれはどう対応すればよいかという問題に移りましょう。

内戦の時代への対応

それは国際社会の基本に触れる問題です。近代の国際関係においては、ごく最近まで内政不干渉ということで、他国の内政には介入しないことが基本原則となってきました。もっとも、その原則が守られてきたかというとそうではなく、大国が利害関係国の安定を図るとか、あるいは勢力を伸ばすために介入してきました。内政干渉はよくないが、不干渉原則を破るか否かは大国の裁量に委ねられていたと言ってもよいでしょう。しかし、今やある程度まで正面から原則を修正した方がよいと考えられるようになってきました。

現代の代表的国際法学者であるマイケル・ワルツァー[*10]は「分離運動がその地の人々を代表するものであることが分かったときには、それを助けること」「大量殺戮の危険がある人々を助けること」の二つの場合を挙げ、それらの場合には軍事力を用いての介入も許される、と論じました。さらには「人道的介入」ということで、一国の秩序が崩壊し、そのため飢饉や疾病によって大量の死者があるときにも介入できるという立場が強まっています。その場合、問題の国の政府が承認し、要請すれば元来なんの問題もないのですが、政府が崩壊していて要請も承認もできないときでも国際的な軍事行動がとれるというのです。湾岸戦争の後、イラクのクルド人を守るための措置が国際連合で決められ、実行されているのは大量虐殺を防止するためのものですし、ソマリアやルワンダの場合には、人道的援助のための介入と言うことができます。

こうした変化は、まず、情報化の結果、昔は伝えられなかった惨状が生々しく伝えられるようになったためです。実際、知ることには責任が伴うので、大量の死者が出つつあるのを黙って見過ごすのは倫理的にできることではありません。また人間はどの国に住んでいても最低限の人権を持っているという価値観が強まったのは決して悪いことではないのです。[*11]それに、より現実的な考慮もあります。例えばある土地での争乱は大量の避難民を生み、他国にそれが流入することになりますが、避難民を国境で止めるといったことが人道上できない以上、その原因となっている内戦や秩序の崩壊をなんとかしなくてはということになります。経済的相互依存の高まりから、一国の争乱は他国に影響を及ぼすのであり、したがって放置できないという考慮もあるでしょう。

米ソの変化・PKOの変化

最後に忘れてはならないのは冷戦の終わりということで、米ソ両国が国際連合において合意することが可能になりました。冷戦時代には、米ソ両国は考え方も食い違っていましたし、相手の行動がその力を増大させるのを嫌って、ほとんどの場合、妨害につとめましたが、それが変化したのです。米ソは国連の安全と平和のための措置に合意するようになったのであり、湾岸戦争に始まって、クルド人保護、ソマリア援助など国連の承認に基づく複数国の介入やPKO（二四八ページ・第10章の＊3参照）が盛んに行われるようになりました。

もっともPKOは以前からありました。しかし、その性格が変化したのです。元来のPKOは内戦もしくは国境紛争に際して、当事者が休戦に合意したが、相互の不信感がいぜんとして強いので、外からの助けなしには休戦協定が破られる危険がある場合に、監視者として送られるものでした。そのようなことしか米ソは合意できなかったという面がありますし、PKOの力は弱かったのです。

例えば一九五六年に、英・仏・イスラエルがエジプトを攻めて起こった中東戦争で休戦が成立し三国の軍隊が撤退したとき、国連平和維持軍がエジプトに派遣されたのですが、一九六七年、エジプトのナセルはイスラエルに軍事力を含む圧力をかけることを決意し、国連軍の撤退を求めたので、国連軍は撤退しました。その後間もなく第三次中東戦争が起こったのです。言ってみれば、「これからケンカになるかも知れないから、撤退してくれ」と言われて撤退したのですから情けない話と思われますが、しかし国連平和維持軍はそうしたものとして作られていたのです。今や事情は変化しました。当事者の意思がなくても、さらにはそれに反しても平和維持活動は行われるようになりました。

内戦の複雑さと解決の困難さ

しかし、この変化は進歩として単純に喜べるものではないのです。まず、国連の活動が紛争の解決や無秩序状態に代わって政府を作るということになると、それだけ強制の要素が増えますし、その分、国連はより大きな軍事力を用いなくてはなりません。しかし、国連にそれだけの力はないし、大国もそうする意思に欠けるのがほとんどです。ユーゴスラビア、特にボスニアがそうで、内戦の当事者はたとえ休戦協定を結んでも守る気がなく、それに対して大量殺戮の防止に入った西欧諸国の軍隊は、犠牲を覚悟で協定を守らせるつもりはありません。ボスニアにそれだけの利害関係を持っている国、あるいは持っていると考えている国はないのです。

逆に、そうした利害関係を持つ国が積極的に行動する場合には別の問題が生じます。すなわち、問題解決を力の強い方が押し付けてもよいかという問題です。内戦には一般的に認められるような解決がありません。先に述べた内戦の二つのタイプを思い出してください。第一の分離独立の動きがもたらす内戦ですが、どういう集団が独立を認められるべきかは一般的には決められません。例えば、民族は独立できるとすると、次から次へと分裂が起こり、世界中の国家の数は現在の何倍にもなるでしょう。それが国際社会の安定にとってよいのかは甚だ疑問です。

さらにそうした原則が認められても解決にはなりません。というのは、いくつかの民族集団は固まってではなく、散らばって住んでいます。ボスニア問題の難しさと悲劇はそこにあるのです。地図上の境界線を正しく引けば同質性のある国家が出来るということにはなりません。強引にそうしようと思えば、人間の大量移動、すなわち「人種浄化」ということになってしまいます。

だから、ある地域ではさまざまな人種が交じり合い、複雑、微妙なバランスを構成して国を作る以外にありません。ユーゴスラビアではそのバランスが保たれていた限り、なんとか秩序が保たれてきたのであり、それがおかしくなったときに秩序が揺らぎ始めました(図3−3)。そしてスロベニアとクロアチアの独立をヨーロッパ諸国が承認してから、紛

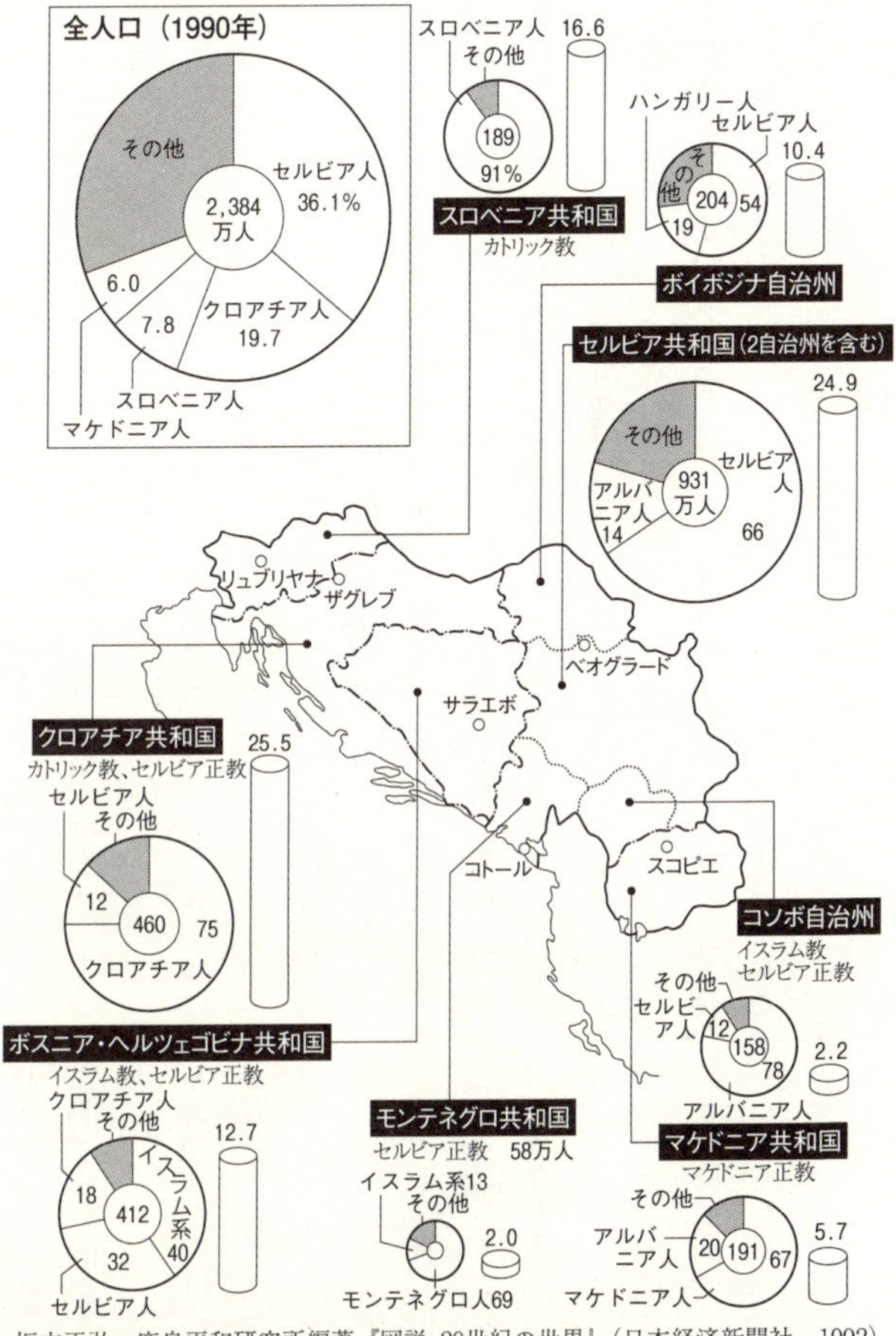

坂本正弘・鹿島平和研究所編著『図説 20世紀の世界』（日本経済新聞社、1992）

図3-3　旧ユーゴスラビアの民族別人口とGNP（旧ユーゴ連邦を100とした）

争はさらに激化し拡大しました。その口火を切ったドイツでは、スロベニアとクロアチアのように明白にセルビアと異なる民族が独立するのは当然、という世論が支配的になり、政府がそれに動かされたのでした。

しかしその際、旧ユーゴスラビアの中の微妙なバランスにはほとんど注意が向けられなかったのです。このようにして分離独立運動はケースバイケースで判断されなくてはならず、それを承認してよいのは例外的なものということになるでしょう。

第二のタイプ、すなわち誰が正当な政府かについての答えが得られないことはより見やすいことだ、と思います。正当性の原理は一つではないし、なによりも外から押し付けうるものではないのです。例えばソマリアの場合、援助物資が必要なところに届かないので供給路を確保するために多国籍軍が介入したのですが、その限りでは正当化しうる行動でしたし、ある程度の効果も上がりました。しかし、そのうちに目的が変わって、ソマリアに政府を作るということになりました。それは理解できることで、それというのは多国籍軍が撤退して元のもくあみになっては意味がないし、さりとて長期にわたって軍隊を駐屯させておくわけにもいかないからです。しかし、国家建設となると、たちまちソマリア内部に、少なくともその一部に強い反対が出て、武力闘争になり、多国籍軍の兵士に損害が出て失敗に終わったのでした。

この点に関連して、十九世紀の内政干渉反対論の主要な論点の一つが、暴政を倒し、自由な制度を押し付けようとしてもできることではないというものであったことを想起する必要があるでしょう。それは正当性がないわけではないが、結局はうまくいかないのが大半でした。第二次世界大戦後も、そうした介入は行われてきました。一九七〇年代に、ケニアがウガンダに介入し、ベトナムがカンボジアに介入したのが、その事例です。このいずれの場合にも、暴政は確かに存在したし、その程度もひどく、大量虐殺もありました。だから、ケニアとベトナムは介入する相当な理由があった、と言えるでしょう。しかもなお、いずれの場合にも、暴政が倒された後に秩序が回復し、正常な政治が行われたわけではありません。混乱状態と内戦が続いたのでした。

地域の状況判断が大切

こうして、善意であっても介入には慎重であることが求められます。特に重要なのは同意の原則です。冷戦中のＰＫＯは米ソ対立という理由から同意の原則を厳しく守る必要がありました。今やその必要はなくなりました。しかし、世の中には間違った理由からでも制約があるのはよいということがあるもので、冷戦状況が押し付けた同意原則は、実はそれ自体としてほとんどの場合正しいものなのです。

というのは、国連が平和維持活動のために軍事力を使う場合、内戦の入り組んだ状況の中では民間人を傷つけたり、殺したりすることがしばしば起こります。それはその土地の人々の反感を買うし、圧政的だというイメージを生むでしょう。次に、協定を破る者に対して軍事力を使うと、平和維持軍の中立性が損なわれます。平和維持軍は「敵」を想定しないもので、したがって人数も少なく武器も軽武装なのですが、「敵」ができるとそうは行かなくなります。そして部隊が大きくなり、戦うようになると誰が指揮権を持つかが問題になってきます。実際、ソマリアでそうなりました。

以上は実際的な問題です。それゆえ、現地に派遣された軍人たちの報告は同意の重要性を強調しています。ユーゴスラビアに派遣された部隊の報告書は書いています。[*12]「現在の権限では、移動の自由は力によっては得られない。すべてのレベルでの交渉が必要である。それには時間がかかるが成功してきた」。もっとも、ここで言われている交渉は決して高貴なものではありません。例えば物資を運ぶときに、その地のボスのような人物と交渉し、同意を取りつけることになるのであり、その際物資の一部を与えることもあるそうです。しかし、救援物資を運ぶのだから、断固として、武力を用いるという態度よりも、妥協的な方法の方が大体うまくいくのです。

装甲偵察隊の報告は書いています。[*13]「忍耐、知識及び明確な目標が地方の軍事勢力との交渉では不可欠である。攻撃的な行動は進展を妨げ、状況を一層悪化させるだけである」。以上のような戦術的な意味での同意は、内戦の当事者たちが休戦に合意し、大枠で国連の平和維持活動に合意しているときも必要ですし、政府が存在しない場合にも必要なのです。あるいは形式的な合意では十分でなく、具体的に合意をとりつけながら、行動することが必要だと言ってもよいでしょう。

したがって、逆に言えば、その地方にそうしたことを行う状況、具体的に言えば、例えばその地域での協力者や同盟者が得られるような状況がなければ、平和維持活動は見送るということにもなります。その地域の状況が大切なのです。ときには放置するのが現実的であり、賢明であるでしょう。内戦の国での事態がある程度収まるまで、手の下しようがないことが多いのです。

放置論は誤り

しかし、放置論は倫理的に問題があります。内戦をするような国は放っておいたらよいという心情には、われわれと彼らを分けるものが含まれています。それでは内戦の根源はなくならないでしょう。内戦が起こってしまったら、残念と思いながら放置し、介入するチャンスを待つしかないことが多いでしょうが、われわれは彼らの運命に無関心であってはなりません。

実際的により重要なことは、当事者の同意など、先に述べたことも狭く考えられてはならないということです。カンボジアの平和維持活動は、単に休戦を見守るだけでなく、選挙を行って政府を作るという介入度の大きなものでしたが、基本的には成功したと考えられます。その基本的な理由は、パリ協定が結ばれ、当事者が合意していたことですが、しかし、国連平和維持活動が始められ、選挙が近づくにつれて、ポル・ポト派は選挙をボイコットすることに決め、ある程度まで妨害活動を始めました。その段階で完全な合意はなくなったと言えます。難しかったのは、そのときに平和維持活動を中止するかどうかということでした。逆に、協定破りをさせないよう、強硬な態度をとるという方法もあったでしょう。しかし、完全ではないにしても選挙を行うことについて地元の同意があると考えて選挙は行うことにし、しかしポル・ポト派に対して制裁を行うこともしないということになったのでした。

その判断は論理的にはすっきりしないものであったでしょうが、妥当なものであった、と私は思います。カンボジアという地域の状況を正しく判断していたのが成功の原因です。それに選挙が終わると早期にPKOは撤退しました。目的を明確にして、その実現を目指したのも、成功のもう一つの理由です。

しかし、内戦の問題について、最も大切なことは、それが起こらないようにするということです。内戦が起こる前になしうることはあるし、それに民族問題は確かに難しいものだが、さまざまな民族が共存することが不可能というわけでもないのです。そんなわけで、長きにわたって民族主義と闘争が結びついてきたヨーロッパの事情を見てみることにしましょう。

＊1　スカルノ大統領は、軍部とインドネシア共産党という二大勢力に立脚して統治したが、両者の対立は時とともに激化し、一九六五年九月三十日、両者は武力抗争に入った。結局数か月でスハルトの率いる陸軍が制圧したが、この間の反中国人暴動も加わって、多数の死者が出た。

＊2　ナイジェリア連邦は独立後、地域的、部族的対立を克服できず、一九六七年、イボ族の旧東部州がビアフラ共和国として独立を宣言したが、連邦はこれを認めず、激しい内戦の後、七〇年、これを鎮圧した。戦死者と餓死者は二〇〇万に達するとも言われるが、そのほとんどは敗れたイボ族である。

＊3　ジョン・スチュアート・ミル John Stuart Mill（一八〇六〜七三）。イギリスの哲学者・経済学者。

＊4　ハプスブルグ朝の皇帝の下の緩やかな連合体で、総称は一八〇六〜六六年はオーストリ

ア帝国、一八六七〜一九一八年はオーストリア・ハンガリー帝国と変化し、その統治下の領域も変わるが、多くの民族が交じって住む中央ヨーロッパに、ある程度の秩序を与えることに成功した。

＊5　イスラムは「片手にコーラン、片手に剣」というように、攻撃的というイメージでとらえられがちだが、征服した土地の人民が反抗しなければ、改宗を迫ることもなく、軽い税金を取る以外は住民にたいした要求はしなかった。またそのエリートはまことに多民族的であった。

＊6　エリック・J・E・ホブズボーム　Eric John Ernest Hobsbawm（一九一七〜二〇一二）。イギリスの歴史家。マルクス主義歴史観に多くを学び、経済と政治の関係を中心に多くの歴史研究を著している。

＊7　アーネスト・A・ゲルナー　Ernest André Gellner（一九二五〜九五）。ケンブリッジ大学教授。歴史学者・哲学者。引用した内容は、著書 *Nations and Nationalism*, Blackwell, 1983. に述べられている。

＊8　言語問題が政治的対立と膠着を生んだことについては、Robert A Kahn, *A History of the Habsburg Empire*, Univ. of California Press, 1974.

＊9　Pierre Hassner, "Beyond Nationalism", *Survival*, vol. 35 No. 2.

＊10　Michael Walzer, *Just and Unjust War*, Basic Books, 1977.

＊11　十八世紀から十九世紀にかけての国際法では、それが律するのは国家だけと考えられたから、各国の人権といった問題についても、内政不干渉の原則が守られるべきものであった。それが近年変化してきているし、その理由もあるが、人道的干渉と内政不干渉原理の

関係は容易に解決されえないところがある。

＊12　国連保護軍（UNPROFOR）部隊指揮官の一九九四年二月の報告。Charles Dobbie, "A Concept for Post-Cold War Peacekeeping", *Survival*, vol. 36 No. 3.

＊13　国連保護軍（UNPROFOR）武装偵察隊の一九九四年三月の報告。同誌。

第4章　冷戦後のヨーロッパ

ヨーロッパの現況

ヨーロッパはどうなるのか。そこにどのような国際関係の仕組みが作られるのか、それは安定するのか、ということは今後の国際政治の重要な焦点の一つです。ヨーロッパは冷戦の主戦場でした。それはまず、国際政治における比重の大きさを反映しています。国民総生産を計算してみてもアメリカとヨーロッパとを足せば——旧ソ連を除外しても——世界の半分になります。アメリカを除外しても旧ソ連を加えれば三割は超します。そうした地域が大切でないわけはありません。

それに抗争は大きな変化を生み出すものです。冷戦の間、ヨーロッパでは戦闘はまったくなかったが、しかし、そこでは激しい抗争が存在したのであり、それゆえ冷戦が終わると前後して巨大な変化が起こりました。ソ連と東欧の共産主義が終わり、ソ連が崩壊して、多数の独立国が生まれたし、東西ドイツが統一されました。ソ連は超大国でしたし、ドイツはヨーロッパの最大の国家ですから、そこに大きな変化が生じたことは、国際体系に大きな衝撃を与えずにはいないものです。ソ連とドイツでの変化はあちこちに波及します。そうした衝撃をうまく吸収して安定した国際体系を作ることが歴史上、平和処理の使命でした。

前章で述べたように、米ソは核兵器の削減と管理の仕方について合意しましたし、NATO諸国とWTO諸国の間に兵力削減が合意されました。それらは共に重要な業績ですが、それで新しい国際体系が作られるわけではありません。どのような形で国際社会を運営していくかについて、各国に明示および暗黙の了解が作られなくてはなりません。そのためには相当の信頼関係が作られなくてはなりませんし、すべてはきれいごとでは済まず、力が重要である以上、どの問題についてどの国の発言をどのくらい重んずるかの了解も必要になります。

だから、大きな抗争の後にすぐに安定した国際体系が出現したことはまずありませんでした。ナポレオン戦争の後も、第一次世界大戦後も、数年間は混乱の方が目につく状況が続いたのでした。冷戦終了から今日までのヨーロッパの状況も同じです。ベルリンの壁が崩れ〔一九八九年〕、東欧諸国で民主化が起こり〔同〕、ソ連の共産主義が崩壊する〔九一年」という数年前の出来事は、ドラマティックであっただけでなく、未来を作る力が動いているという印象を与えるものでした。ヨーロッパ統合の進展（表4−1）というニュースもそうです。簡単に言えば明るいニュースがほとんどでした。これに対して、最近のニュースは、混迷を思わせるものばかりです。

ユーゴスラビアの解体は多大な流血を伴いましたし、ボスニアではそれが悲惨というほかないものになりました。しかも、ヨーロッパはそれに対してほとんど何もすることができず、ボスニアでの戦闘は終わりそうでもあるが、結果として現れてくるのは、基本的には強いセルビア人が弱いムスリムの犠牲の上で状況を安定させるというものでしかありません[*1]（七三ページ・図3−3）。

旧ソ連でも、あちこちで内戦が戦われました。大きなニュースとなったのは、エリツィンと議会の衝突であり、エリツィンは議会の抵抗を排除するため、軍事力を使わざるをえませんでした。そして、その後に行われた議員選挙ではジリノフスキーの率いる民族主義政党が、その時代遅れの、センセーショナルな発言によって、かえって多くの票を獲得することになりました。ロシアが全体としてその方向に進むとは考えられないものの、政府も、「ロシアは大国である」という立場をとるようになり、人々に危惧の念を与えました。そして、ロシアのチェチェンへの軍事介入は、軍事力によって物事を決めるという傾向が

1951年	欧州石炭鉄鋼共同体　ECSS	フランス、西ドイツ、イタリア、ベルギー、オランダ、ルクセンブルク
1957年	欧州経済共同体 EEC	同上
1967年	欧州共同体 EC	同上
1973年	欧州共同体 EC	イギリス、デンマーク、アイルランド加盟
1981年	欧州共同体 EC	ギリシア加盟
1985年	欧州共同体 EC	市場統合を開始（1992年末までに単一市場に）
1986年	欧州共同体 EC	スペイン、ポルトガル加盟
1992年	欧州連合 EU	マーストリヒト条約により中央銀行設立、単一通貨など一段高いレベルの統合へ

表4-1　ヨーロッパ統合の進展

ロシアで強まっていることを証明したところがあります。

西ヨーロッパでは、将来の波と考えられていたヨーロッパ連合（EU）は、多くの国で批准に手間どり、昨年秋〔一九九三年十一月〕ようやく発足したものの、期待された速度で進むことはないし、目標に到達することもないのではないか、という懐疑主義の中にあります。バラ色の未来イメージは消え失せました。東欧の国々を加盟させて繁栄の地域を拡大し、友好を深めるということも、すぐに現実化しそうにありません。それに反外国人感情がドイツで極端な形をとり、トルコからの「外国人労働者」の家を焼いて、家族を殺すといった悲惨な事件が起こりました。それはドイツが統一のコストの大きさと、それを見誤ったことから、統一後、経済の調子がおかしくなり、失業が増えたという社会情勢を反映したものです。反外国人感情はドイツだけでなくフランスでも強いものがあります。

ヨーロッパの重要性

しかし、こうした混迷は先に述べた事例が示しているように起こらない方がおかしいものなのです。現在ヨーロッパでは、将来についてかなり悲観的な見解が強まっていますが、それは冷戦直後の楽観的にすぎた雰囲気の反動であり、共に間違っていると言わなくてはなりません。もう少し長い目で問題と取り組む時期なのです。

ヨーロッパが直面する問題は三つあります。一つはロシアがどうなるのかであり、すなわち、その国内体制は民主主義に向かうのかどうかということと、対外政策の面で軍事中心主義から脱却できるかということです。二番目はドイツの将来であり、それは欧州統合の将来と密接にからんでいます。第三が民族主義の問題で、旧ユーゴスラビアの悲劇やドイツとフランスにおける反外国人感情の高まりは確かに懸念を持たせるものです。ヨーロッパはこれまで民族主義のもたらす問題に悩んできました。二つの世界大戦はそのために起こったという性格を持っています。だとすると、現在の民族主義的感情の復興についても、三回も同じことをやるのだろうかということは考えられてよいはずです。二回もの失敗の後、ヨーロッパは行きつ戻りつしながら、その問題に答えを与えようとしているのかも知れません。

ロシアへの危惧

楽観主義から悲観主義への転落はロシアについて最も明白に見られます。外国人も、ロシア人自身も、かなり多くの人々がロシアの専政の伝統は余りにも重く、したがって貧困から脱却もできないと論ずるようになっています。例えば、ロシアの歴史家アファナシェフは「改革は死んだ」として、エリツィン大統領が頑固な議会をねじ伏せた一九九三年十月の軍事行動の真の勝者は「軍・産複合体」であったと書いています。[*2] エリツィン大統領は「軍・産複合体」の助けを必要としたが、彼らは見返りをしっかり取ったようで、例えば軍事予算の削減は小幅になり、関連産業の操業は続けられることになりました。また、安全保障会議に実権が移ったが、そのメンバーは少数で、「軍・産複合体」の実力者から構成されています。

当然、その対外政策も変化し、旧ソ連邦についてはそれを従属させる政策がとられ、東欧諸国についても、それを「緩衝地帯」にしようとする姿勢がうかがわれるようになってきたと、アファナシェフは述べています。実際ロシアの指導者が「大国」であることをロにしだしたのは気になります。一時は力の行使は時代遅れで効果がなく、かつ非道徳的である、と言わんばかりのことがあったことを考えると振子は随分元の状態に戻っています。

こうした危惧には確かに根拠があります。

まず、ロシアの歴史を見ると、「西欧派」対「スラブ派」の対立は、近代を通じて見られるものです。ロシアが西ヨーロッパをモデルに立憲政治と近代化をしようとしたことは何回もあり、ロシアの内外に希望を与えたのですが、「西欧派」は結局は敗北したのでした。それは第二の重要な理論的ポイント、すなわち、専政の伝統は一般国民からイニシアティブと責任感を奪うものであり、それゆえ、専政を打倒しても、それに代わって統治する人間がいないので、必要に迫られてまた専政に戻ってしまうことが多いことと関連しています。

民主主義を志向する人はいないわけではないが、数が限られているし、彼らは協調性に欠ける場合が多いのです。改革が支配的雰囲気であったとき、ロシアの改革派に会った人々は、ほとんど例外なしに、その理論的な鋭さと気宇広大さを印象づけられるとともに、実行過程への考慮の少なさと協調性のなさを感じたものでした。

もっとも、専政に戻るというのも過剰の悲観主義で、ロシアには今や大統領を選挙によって選び、その権限に十分ではないが制限を加える——ロシアの大統領の権限は世界の大統領の中でもっとも強いものですが——憲法を持っています。ただ、人々の習性は簡単には変化しないので、専政が一気に民主主義に変わることはないと考え、そこに到達するまでの紆余曲折があることを認識しておいた方がよいでしょう。

ロシアの歴史的・地理的位置

その過程はまた国際関係と関連しています。というのはロシアに強権的な政府が出現するかも知れないことの理由の一つに、その地理的状況があります。ロシアは日本のような「幸運な島国」ではなくて、その逆、すなわち自然障壁のほとんど存在しない広大な平原地帯に位置しています。そうした国は近くに強大な勢力が出現すると侵略されるので、強い権力を作り、自らの領土を守り、さらにはそれを拡大する必要がある、と考えるからです。歴史的には確かにそうでした。

ロシアは蒙古族によって支配され、長きにわたってその支配下に置かれました。この経験はロシア人の心理の基本を作った、と言われます。近代の初めには、トルコと戦ってその範囲を広げて行きました。それは防衛戦であったとは言えませんが、しかし、この地の地理的状況から、持っているものを守るには膨張しなければならなかった、と言えるでしょう。さらに、スウェーデン、ポーランド、ドイツとの抗争と、それらによる侵攻を加えることもできます。

もっとも、今日は少々事情が違います。広い領土を確保しておかなくては侵略されるとは思われないからです。全体として土地の争奪戦は人類社会にとって過去の重要性を失いました。むしろ、事情は逆かも知れません。ロシアが帝国を作り、その中にさまざまな民族を抱え込んだことが、今日の困難な課題を生み出していると言えるかも知れません。まず、彼らが「近い外国」と呼んでいる旧ソ連邦はロシアの重大な関心事であり続けています。そこでの無秩序は放置できません。無秩序と混乱は伝染しやすいし、それにロシア民族の問題があります。冷戦後、ソ連がいくつかの主権国家に分かれたのですが、ロシア以外の国に二四〇〇万のロシア人が住み、その立場はかつての強い立場から少数民族のそれへと変化してしまいました（図4－1）。ロシア政府としては彼らを放置するわけにはゆきません。

現在ロシアが直面している問題は西欧の非植民地化と似ているところがあります。独立を認め、CISを作ったのは、英断でもあり、必然でもありました。しかし、独立を認めれば事は終わりというわけには行かないのです。それはイギリスやフランスが、旧植民地に住む自国人の利益を無視できず、その権益を守るためにときにはその国の要請もあって、秩序を維持するために介入してきたのとそうは変わらない、と言えるでしょう。だとすれば、同様にこの過程が終わるまでに時間がかかります。

複雑な状況はロシアの内部にもあり、チェチェンはそれが発火したものなのです。ロシアは八九の地方に分かれていて、そのうち五七は省や県にあたるものですが、三二はロシア人以外の少数民族のいる共和国、あるいは自治地域です。もっとも、それらのすべてにおいて非ロシア人が多数というわけではなく、ロシア人が二〇％強というチェチェンのような所もあれば、五〇％強というヤクート〔サハ〕もあり、八〇％弱のハカシアもあるので、どういう基準でこれら共和国が作られたのかは分かりません。クレムリンが強大な権力を持っていたときには具体的には無意味で、ただ心理的効果を狙った措置だったのでしょう。しかし、最近ではこれらの地方は大きな自治権を要求するようになりました。

タタールスタンはその一つで、中央政府との協定は一九九四年二月になってやっと結ばれました。バシコルトスタンはより妥協的でしたが、秘密協定で多くの権利を得たと報じられています。それらにまつわる話を読んだり、聞いたりすると、複雑で目の回る思いがします。そうした国家をまとめていくには大変なスタミナがいるだろうなとも、力ずくで事態をすっきりさせたいと考える人がいても不思議ではないとも思います。それにこれら三二の共和国・自治地域は経済改革について最も不熱心で遅いのです。

ヨーロッパとの関係も独自のものがあります。それは歴史的に——十八世紀初頭のピョ

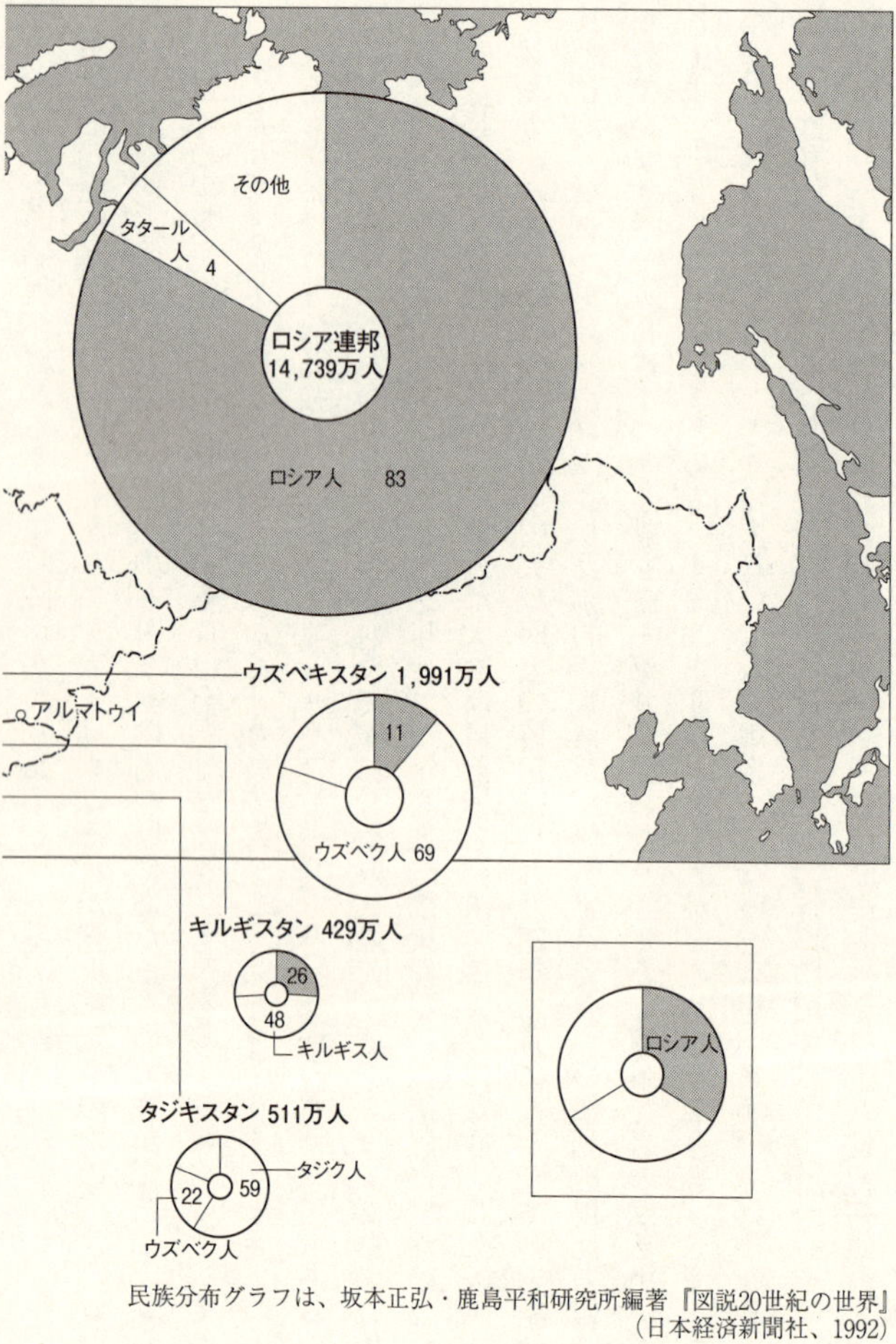

民族分布グラフは、坂本正弘・鹿島平和研究所編著『図説20世紀の世界』（日本経済新聞社、1992）

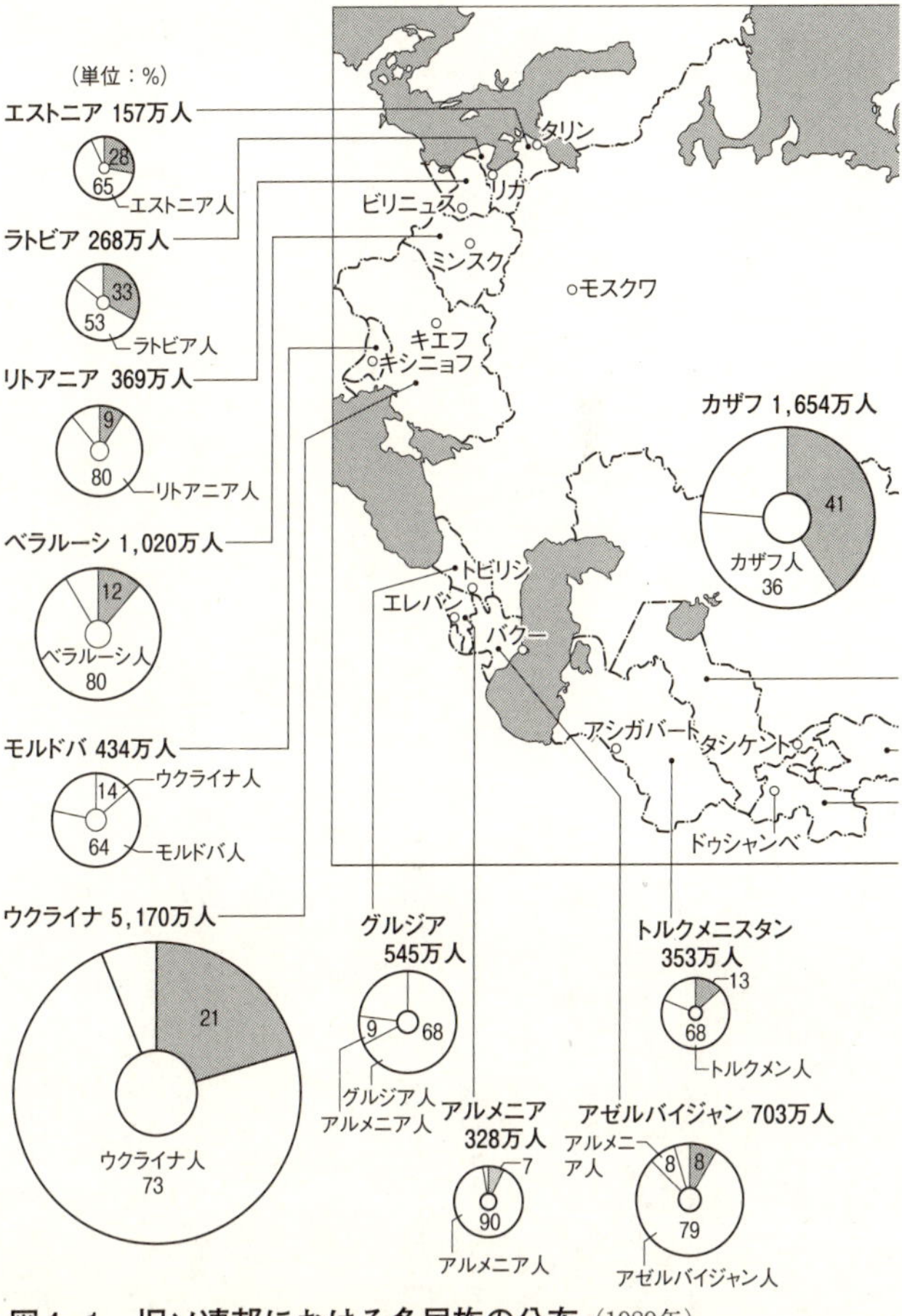

図4-1　旧ソ連邦における多民族の分布（1989年）

ートル大帝以来[*3]――ヨーロッパの国際体系に属してきたし、国内には西欧化を徹底したいという気持の人々がかなり存在しました。しかもなお、それはヨーロッパの中心からはるかに東方にあり、中東やアジアとも接していてヨーロッパと完全に同一化することはできなかったということがあります。こうした地理的、歴史的状況は変わるものではないのです。

ヨーロッパ安全保障体制の中のロシア

恐らく、このこととロシア人が傷つきやすい誇りの感情の持ち主であることとは関連しています。エリツィン大統領は、一九九四年五月九日の勝利記念日の演説で語りました。「常に記憶されるべき唯一の重要なことは、ロシアが尊敬をもって扱われなくてはならないということであります。わが国民はいかなる国からのものであれ、それ以外の言葉は決して受けつけないでありましょう」。なんと言ってもロシアはいぜんとして軍事大国です。

国際秩序が軍事力を抜きにして得られるとは思いません。軍事的考慮が強くなりすぎ、さらには軍事力によって国益を追求しようとしたり、世界を牛耳ろうとするのは正しくありませんが、その逆が正しいというわけではないのです。したがって、ロシアが「大国」であり、ヨーロッパとはやや離れた存在であることは今も二十一世紀も基本的な現実であり続けるでしょう。したがって重要なことは、それが抑制されたものかどうかということになります。

その点、過去一、二年のロシアの記録は決して悪くありません。グルジア〔ジョージア〕やタジキスタンでロシア軍は平和維持活動を行っていますが、それは勝手に強引な仕方ではなくなり、関係国の明示または暗黙の了解の下、慎重に行われています。二四〇〇万人にも及ぶロシア人を扇動し、ロシア人の領土を増やすということも、セルビアのようにはしていません。そのセルビアについて、NATOがボスニアのサラエボを包囲しているセルビア人部隊に撤退を求め、それに応じなければ空爆するという立場をとったとき、ロシアはボスニア問題をロシア抜きで解決することに強く抗議したのですが、同時に、セルビアとの歴史的、民族的なつながり*4を利用してセルビアに圧力をかけ、セルビア人部隊を撤退させることに成功しました。ロシアはその力を建設的に使ったのですし、大体、中東欧でロシア抜きの事態解決はありえない話なのです。

それに、先に述べたように、ロシア人は傷つきやすい誇りを持っています。それゆえ、他国がロシアに対してとりうる最悪の政策は、ロシアの混迷と弱体化からロシアは国際社会においてとるに足らない勢力になったとし、ロシアを除外してヨーロッパの国際社会を運営しようとすることなのです。これほど、ロシア人のナショナリズムを刺激し、ロシアに強権的な政府を作り出すことに貢献するものはありません。実際、ロシアは歴史を通じて後進的な存在だったのであり、それを国際社会の営みに組み入れていくのがヨーロッパ外交の重要な指針となってきたのです。

もっとも、それはロシアを甘やかすことではありません。ロシアの無理が通らないような仕組みが大切で、その一つが力の均衡ということです。この点でNATOは冷戦後も維持すべきものと考えられているのは当然でしょう。それと同時に緩やかな安全保障体制の中で協力することが重要になりますが、その仕組みで最も重要なものはCSCE（全欧安保協力会議）です。それはデタントが語られた一九七五年に作られたもので、ソ連としては東欧の現状を安定させようという狙いから作るのに賛成したのでした。しかし、やがてCSCEは発展していきます。創設時に西側は人間・情報の交流拡大をソ連に認めさせたけれども、実効は余り期待されていませんでした。しかし、それが効果を発揮しだしたし、それにデタントに陰りがさした一九八〇年代に、全欧的協議の場所を提供しました。パリで開かれたCSCE首脳会議が冷戦の終わりを画したように、CSCEは冷戦終了時の受け皿になったということさえできます。その後、徐々に制度化され、常設事務局も作られました。

もちろん、CSCEは基本的にはフォーラムであり、実行力となると問題はあります。

ユーゴスラビアが分裂し、そこで内戦が起こったとき、CSCEはほとんど無力でした。しかし、フォーラムとして、幅広い協力関係を可能にするものとして、その重要性は失われていません。さまざまな協議機関と紐帯を作って外交を営むのがヨーロッパの伝統であったことは外交史に明らかであり、多様な国々が複雑にからみ合っている国際社会の運営はそれしかないのです。

そうした機構の中で、ヨーロッパで最も重要なものはヨーロッパ共同体です。そしてその将来はドイツの将来とかかわっています。

第二次大戦後のドイツの課題

そこで、ドイツに移ります。ドイツが統一以来、大きな困難に直面していることは多くの人が指摘している通りですし、失業率[*5]は他のほとんどのヨーロッパ諸国よりわずかに低いとはいえ、七八〇〇万の人口で四〇〇万の失業者というのは大変なものです。そのためもあって、極右の復活など好ましからざる様相が現れていることも事実です。

しかし、われわれは課題の大きさと、それにドイツ人がへこたれずに格闘していることも忘れてはならないでしょう。一九九四年の後半からドイツ経済は復調の過程に乗ったようです。実際、私は同じ第二次世界大戦の敗戦国としてドイツと日本両国の課題に共通性があることを思わざるをえません。

まず、東西ドイツの統一は戦後処理が一回では済まなかったものが、今ようやく片づいたということです。日本の場合には、国は分割されなかったが、アジア諸国との戦後処理は、適当な時期にきちんとはできなかったので、それが現在の問題になっています。

第二に、ドイツの経済的問題は統一と共に始まったのではなくて、その前から西ドイツに困難の兆候が現れていました。その困難の源泉は急速な老齢化と、過剰な規制およびコンセンサス主義で、こうして戦後の成功をもたらした制度の老朽化という点も日本に似ています。それも当然で、日本とドイツの産業組織は敗戦から立ち直るための必要からできた面が強く、それは集団主義的で大成功を収めたが、最近になって行き詰まっているのです。

そして、最後に、日本と同じくドイツも軍事大国ではないし、近い将来そうなることはないでしょう。その方がよいこともまず間違いありません。

東と西のはざまでのドイツ外交

ただ、そうした国の外交は意外に難しく、一九六〇年の後半に宰相であったキージンガー[*6]が述べたように、勢力均衡でなんの役割も果たさないには大きすぎるし、周囲の国を動かしてバランスをとるのには小さすぎるからです。そうした国にとって他国との協調が基本になりますし、ドイツは西欧諸国との協調を軸とし、安全保障面ではNATO、特にアメリカ、そして経済面ではフランスとの協調を軸に欧州統合に努力してきました。欧州統合を進展させるためにドイツが行ってきた経済負担はまことに大きなものがあります。しかし独仏の協調が確かなものであったので、ドイツの統一は円滑に行われました。

　ドイツにはその歴史から、ロシアと組んでヨーロッパを牛耳るのではないか——ビスマルク外交にはその面があったし、第一次世界大戦後のラッパロ条約[*7]は悪名高いものです——という恐れや、ヨーロッパの中央に位置する立場を利用して、独自の、いや利己主義的な路線を歩むのではないか、という恐れがつきまとってきました。例えば、一八七〇年代と八〇年代にヨーロッパ外交において指導的立場に立ったドイツの宰相ビスマルクはロシアとしっかり組むことで、フランスやイギリスに文句を言わさないところがありました。もう一つの事例は一九二二年のラッパロ条約で、敗戦国ドイツと、共産主義革命後孤立していたソ連とが提携したものですが、フランスやイギリスに大きな衝撃を与えたのでした。こうしたドイツの動きは一概に不当であったとは言えません。ビスマルク時代の独露提携はヨーロッパに安定と平和を与えた面があり、今でもそれを高く評価する学者がいます。ラッパロ条約は弱者同士の提携としてやむをえない面がありました。

しかし、ドイツは西ヨーロッパと東ヨーロッパの中央に位置しています。しかも、ドイツは人口も多く、経済力も大きい。十九世紀の終わりごろからそうでした。そのことをフランスの首相クレマンソーが、「ドイツ問題とはドイツ人が二〇〇〇万人ほど多すぎることから生ずる」と述べたし、「ドイツはよい国だから、一つではなく二つあった方がよい」というフランス人のジョークが生まれました。その大きなドイツが西を向くか東を向くかは、ヨーロッパの国にとって大問題なのです。冷戦の時代は、それが分断されていて一つではなく二つでしたから、この伝統的な懸念は消えていました。しかし、統一されると問題が再び出てきます。

実際、ドイツ統一の可能性が出てきたころ、フランスやイギリスにそうした懸念が出てきました。しかし、それは障害にはなりませんでした。それはNATOとECという、西側との協調の仕組みがしっかりしていたからです。NATOは東西の力の均衡を確かめることと並んで、ドイツの位置づけを確定することに意味を持っています。

また協調を一層確かめるという気持が生んだのが一九九一年十二月に結ばれたマーストリヒト条約でした。それはこれまでに行われてきた経済統合を一層進めるため、産業政策、社会保障制度、労働のあり方、教育といったものについて統合を図っていくことを決めた上に、今世紀中に通貨統合を行い、ヨーロッパ中央銀行を作って単一通貨を採用することや、さらには長期的に外交・安全保障をヨーロッパ共同体が行うようにすることをも決めたものでした。このように、共同で行動することを決めたのは、フランスやイギリスを安心させる効果を持ちました。

ドイツの対ロシア貿易額の比率推移

	輸入	輸出
ドイツ(%) 1880	11.9	7.3
1890	13.0	6.2
1900	12.4	7.0
1910	15.5	7.3
1920	――	――
1930	4.2	3.6
1940	7.9	4.5
西ドイツ(%) 1950	0.0	――
1960	1.6	1.6
1970	1.1	1.2
東ドイツ(%) 1950	――	――
1960	43.7	41.9
1970	40.0	38.0

ドイツとロシアの経済交流がいかに大きかったかをこの表は示している。

ロシアの対ドイツ貿易額の比率推移

ロシア(%)	輸入	輸出		
1870	40.5	21.1		
1880	44.0	27.7		
1890	28.3	25.7		
1900	34.7	16.5		
1910	41.5	27.0		
1920	22.2	――		
1930	23.7	19.8		
1940	28.9	52.1		
	東ドイツ		西ドイツ	
1950	11.0	12.7	――	――
1960	16.5	3.5	18.9	2.1
1970	14.7	3.0	15.1	1.9

表4-2　ドイツとロシアの経済交流

ドイツ経済とヨーロッパ統合

しかし、統合は容易なことではありません。まず、統一後の経済的諸困難の結果、ドイツは自らの経済のことを専ら考えなくてはならないようになりましたし、その結果、他のヨーロッパ諸国との関係で十分協調的ではなくなったという批判も出ています。ブンデスバンク（ドイツ連邦銀行）はそうした批判の槍玉にあがっているものの一つで、ドイツ自身の金融、財政的目標を追求するのに急で、それが他国に与える影響を考えていないというのです。それにも一理ありますが、しかしドイツ人は、マルクがおかしくなればヨーロッパ経済もおかしくなるのであり、協調の名の下に自らの経済を失調させるのはかえって無責任だと反論するでしょう。実際、この理論対立は以前から存在するものであり、協調とはそれぞれの国がその国内を健全にしつつ、国境を越えて協力し合うもので、国家をなくすことではないのです。その困難なバランスを、曲がりなりにも取ってきたのはドイツの立派なところです。

実際、理想を強引に実現しようとする性質の統合はその加盟国に混乱を持ち込むというマイナスの方が大きいでしょう。その点、ヨーロッパ統合は、各加盟国が独自に決定し、実施した方が効率的である問題については、ヨーロッパ共同体は関与しないという方針で運営されてきたのであり、それは「補完性」[*8]（subsidiarity）の原則として、今回確立されました。しかし、統合の度合いを強めていくと、ヨーロッパとして決めることが増え、統合のために各加盟国へ要求されることが多くなります。例えば通貨統合をして単一通貨を出す場合、各加盟国の経済政策はある程度まで類似したものでなくてはなりません。だから、マーストリヒト条約は、為替レートの変動幅、物価上昇率、財政赤字、政府負債総額、長期金利などについて基準を設け、それが満たされた国が集まって単一通貨の採用を検討することにしています。そうした基準を満たさなかった国をどうするかは難しい問題です。

それに、社会保障や労働制度を調和させようとすることは、一般国民に不安を与えます。身近な生活条件が影響を受けるからです。それはマーストリヒト条約の批准に際して明らかになりました。その批准は全体としては順調になされたのですが、興味深いのは国会で批准する場合には圧倒的多数で批准されたのに、国民投票となるとデンマークでは否決されましたし、フランスではかろうじて批准されるという有様でした。それは多分、経済統合の必要は理性的には了解されるものであり、議員や有識者は賛成するのですが、庶民はためらいを感ずるから反対票を投ずるという事情を表しているように思われます。これまで自国の政府が決めてきた福祉のあり方とか労働基準が、ブリュッセルのヨーロッパ連合の会議で決められるようになっていくのが不安なのでしょう。

ヨーロッパ統合の深化と拡大

しかし、統合を強めること——ヨーロッパではそれを「深化」と呼んでいます——については、ヨーロッパの人々はあきらめないが、急がず、実現していくでしょう。たとえ、描かれた最終目標まで到達できないとしても、それに向かって努力することに意義があるという人もいます。ただ、急ぐのもよくないがリーダーシップは必要です。その点、ドイツが統一によって生じた難問と苦闘するようになったこともあって、このところリーダーシップが弱まったことが問題だと言われます。さらに、リーダーシップは強引なものであってはなりません。その点、ドイツが諸困難を克服した後、歴史上見られる強引さを再び示すようになるのではないかという懸念があることも忘れてはなりません。

いずれにしても、「深化」よりも「拡大」の方が問題でしょう。まず、東方との関係、特にソ連圏にあった東欧諸国との関係をどうするかということです。これまでのヨーロッパ統合をさらに進めるだけでは「金持ちクラブ」になる恐れがあります。東欧諸国が大きく変化し、ヨーロッパの経済統合に加わりたいという気持を持っている以上、それらをできるだけ早く受け入れるべきだし、それによってヨーロッパを悩ませてきた民族主義の克服に貢献できるでしょう。

ヨーロッパ共同体（EC）は、歴史的に戦闘を繰り返してきたドイツとフランスの間で戦争を考えられないものにしたことが最大の歴史的功績なのです。しかし、その仕事がかつての「鉄のカーテン」でとまるとすれば、これほどの皮肉はありません。

ただ、そのようにヨーロッパ統合を広げることは、少なくとも当面小さくないコストを伴います。好況のときならともかく、不況の現在、東欧諸国の安い労働力は脅威とみなされうるのです。それに統合は経済面にとどまるべきではないが、NATOを拡大するとなるとロシアと衝突する恐れがあります。だから予断は許されません。

東欧の国々からの輸入を自由化すること、やがてヨーロッパ連合に入れることは容易には実現しません。しかし、それは東欧経済の再建を遅らせ、移民を増大させます。実際、ヨーロッパの東と西を分けていた壁が突如消滅し、交流が増大したことはよいことであったし、長期的には平和と繁栄をもたらすことが期待されますが、当面は東欧の経済を大混乱させましたし、その結果の一つが移民なのです。それは西ヨーロッパの人々の不安感をつのらせ、排外主義を強めます。

反外国人感情とアイデンティティ

こうして、ドイツやフランスにおける反外国人感情の高まりが問題となります。実際、それは物や人の交流の増大する時代の大問題だと考えられます。移民はその端的なものであるが、しかし、基礎には人種的あるいは文化的アイデンティティの喪失の恐れが作用しています。移民は、それに住居や職をめぐる競争という具体的な影響をつけ加えるものなのです。

アイデンティティとは、自分たちがなにものであるかという感覚だと定義できますが、当然、それは他の人々とどこが違うのかという認識を含みます。人間は全体としての人類にはアイデンティティを感じません。自分たちの、自分たちだけの場所やものがなくては安心できないのです。しかも、歴史学者イグナティエフが述べているように[*9]、近代化によって相互依存を進め、人々が似てくればくるほど「相違点」の主張は激しくなるところがあります。したがって、相互依存や欧州統合の時代に人種だの民族だの言うことは時代遅れだと非難してみてもなんにもなりません。

さらには相互依存の時代という言葉が不十分かも知れません。フランスの国際政治学者アスナーは人間や文化の交流が強まることを、戦略の相互作用、利益の相互依存と区別して、社会の「相互浸透」と呼びました。民族主義の問題が再登場していることには理由があるので、それが前章で扱った問題の根底にあります。

ヨーロッパに話を戻すと、反外国人運動が強まるとともに、ヨーロッパ統合を広げるべきだとする意見もまた強いことは注目されるべきです。それも決して、単純に統合をよしとするものではありません。まず、アイデンティティへの欲求が現実のものであり、自分たちの文化的アイデンティティが失われるのではないかという懸念が過激なナショナリズムを生む傾向があることを認識し、統合とアイデンティティの確保という二つの相矛盾するところのある必要をなんとか妥協させていこうと考えられていることが注目されるべきです。

「相互浸透」の時代の悩み

したがって、統合と言っても、一つのものだけでなく、いくつもの組織の複合物でなくてはならないという考えが重要です。実際、ヨーロッパには実に多種多様の協力組織があり、各国は事情が許せば自分の体質に合った形で協力し、どのクラブにも入っていない国はまず存在しないことが希望を持たせます。その結果、文化的独自性を保ちつつ、政治的・経済的な協力を行い、そして、共通の様相を次第に強調することが期待できます。

ヨーロッパにとってより深刻なのは、南との関係です。東西ヨーロッパの融合は時間がかかっても、不可能としてあきらめる人はいません。それは歴史的なつながりが存在し、キリスト教文明など多くの共通性が存在するからです。しかし、南の場合には、共通性は少なく、その上相違点が意識されています。簡単に言えば、人種も違うし、イスラムということで文明も違います。しかもイスラム世界では「教条主義」(fundamentalism)が力を得て、脅威感をかき立てています。その結果、賢明ならざる対策がとられることもあります。例えばフランスはアルジェリアでイスラムに基づく政党が多数を得て、アルジェリアが過激なイスラム国家になる――つまりイランのようになる――ことを恐れ、世俗主義だが独裁的な軍部政権を支持しています。しかし、それは状況を一層悪化させるだけかも知れないのです。

ただ、フランスの政策を批判するのが私の意図ではありません。フランスのような難問をつきつけられていない日本に居て、フランスを批判するのは倫理的に決して正しいことではないからです。ヨーロッパは狭い意味でのヨーロッパ内での多様なものの共存を学んだと思ったら、東と南で深刻な問題に遭遇するようになりました。それは良くも悪くも、ヨーロッパ、バルカン、中東、北アフリカが多くの勢力の接触するところであったからです。ヨーロッパ文明の成果は、実はそのおかげなのですが、悩みも多いのです。そしてそれは「相互浸透」の時代の人類の悩みを表すものでもあります。

＊1　ボスニア・ヘルツェゴビナ共和国は人口四一二万人で、そのうちイスラム教徒約四〇％、セルビア人三二％、クロアチア人一八％だが、独立によって少数派になるセルビア人とクロアチア人が、それぞれセルビア共和国とクロアチア共和国からの軍事援助によって、その支配する領域を増大させた。

＊2　Turi N. Afnasyev, "Russian Reform is Dead", *Foreign Affairs*, vol. 37 No. 3.

＊3　一六八二〜一七二五年、ロシアを統治した。軍事技術、工業をはじめ、西ヨーロッパの文物の導入によりロシアの近代化を徹底して、強引に押し進めた。その効果はまずバルト海、続いてカスピ海方面にロシアの勢力を伸ばしたことに現れている。

＊4　スラブ民族は東スラブ族（ロシア人、ウクライナ人、ベラルーシ人）と西スラブ族（ポーランド人、チェコ人、スロバキア人）、南スラブ族（ブルガリア人、セルビア人、スロベニア人、クロアチア人、モンテネグロ人、マケドニア人）に分類できる。元来スラブ諸語が単一言語であったことが示すように、親近感はある。南スラブ族は十九世紀末から二十世紀にかけての独立運動でロシアを頼みにした。しかし、ロシアの覇権主義的な側面は反発も買った。

＊5　一九九三年の統計では、旧西ドイツは八・三％、統一前の五％強よりも多い。旧東ドイツは、統一前は失業者は存在しないことになっていたから、比較できない。統一後は完全失業者に時短労働者を加えなくてはならないから、計算が難しい。一九九三年の旧東ドイツの失業率は一〇〜一一％と推定される。

＊6　クルト・G・キージンガー　Kurt Georg Kiesinger（一九〇四〜八八）。西ドイツのキリスト教民主党の政治家。一九六六年、社会民主党との連立（大連合内閣）で首相となった。

＊7　一九二二年四月十六日、独ソが調印、賠償の相互放棄と国交回復を取り決めたもので、ヴェルサイユ体制から疎外されていた二大国の提携として大きな衝撃を与えた。事実、その後、両国間に経済的、技術的のみならず、軍事的な提携も進行した。

＊8　カトリック教会の組織原理の一つから発展したものとされる。人々に直接かかわる単位が自律的に問題を処理するのが基本で、それが不可能なものについて上部組織は関与すべきであり、その意味で補完的であるという考え方に基づく。

＊9　Michael Ignatieff, *The Needs of Strangers*, Hogarth Press, London, 1984.

第5章　自由貿易の理論と現実

日米衝突論

冷戦の終了によって、日米関係が徐々に悪化するのではないか、という危惧の念があちこちで表明されています。それを最も単純な形で言うと、冷戦の時代にはソ連および共産主義という共通の敵が存在したので、「自由陣営」はまとまり、協力することが容易であった。しかし、今やその共通の敵がなくなったので、かつての自由陣営の国々の間の利害や意見の対立が出てきて、協調が難しくなるし、その際、日本とアメリカとは文化的、社会的などの相違が大きいので一層関係は難しいというものです。

やや単純すぎると思われますが、この懸念には正しい面も含まれています。大きく状況が変化するとき、関係の調整が必要になるのは当然で、その努力なしに日米の同盟関係はおかしくなることもありえます。それゆえ、この問題はやがて稿を改めて扱うことにしますが、しかしまず、日米衝突論がいくつかの誤った理論を含んでいることを指摘したいと思います。まず、自由貿易体制はアメリカの指導力の低下とともに崩れてきており、冷戦の終了という衝撃に耐ええないという理論があります。それは誤りです。

この問題を本章で取り上げます。

「数値目標」の誤り

より大きな誤りは、今後の国際関係は、基本的に経済力によって決まるものとみなし、そこで各国の競争力が重要になり、各国の政府はそれを上昇させるように努めるので、そこでは対立が現れる危険が大きいというものです。私の見るところ、それは相互依存を特徴とする国際関係についての重大な誤解に基づくものなのですが、それは次章に検討します。

そこで、自由貿易体制の問題ですが、まずアメリカの行動に首をかしげざるをえないものが出てきたことは否定できません。一昨年来、日米間で問題になってきた「数値目標」はその最たるもので、それは通商の常識に反します。通商においてはよい商品が買われるのであり、ある国がある国の商品をある量、必ず買うというのは通商ではありません。GATT*1の基本的原則である無差別、多角的というのはそれを確認したものに他なりません。

マーシャル・プランと冷戦下の経済政策

そうした姿を戦争後あるいは一九六〇年代半ばまでのアメリカと比較すると、まさに今昔の感にたえません。アメリカはマーシャル・プラン[*2]という巨額の援助——最盛期はアメリカのGNPの一・四%——を与えてヨーロッパを復興させたし、日本の復興でも大きな役割を果たしました。貿易の自由化についても、他国より一歩進んで自国の市場を開放し、すぐに見返りを求めることはしませんでした。さらに、技術移転についても——もちろんタダではなかったが——非常に気前がよかったのです。そうしたアメリカのリーダーシップが、自由貿易体制の形成に不可欠であった、と思われます。

経済学と経済史の両方において優れた学者キンドルバーガー[*3]は、その著『大不況下の世界』の中で、格段に強い経済力を持つ国が国際経済の運営を行うとき、自由貿易体制はうまくいくと述べました。それは「覇権安定論」として有名な理論となっています。十九世紀の国際経済はイギリスのリーダーシップがあってうまくいったのだが、第一次世界大戦後、イギリスにはその力がなくなった。それに代わってアメリカが強大な経済力を持つようになったが、アメリカは国際経済の運営についてリーダーシップを発揮する意思がなかった。その結果、国際経済体制が混乱したのであり、一九三〇年代の世界大不況となったのだが、第二次世界大戦後アメリカの力は一層強大となり、今度はリーダーシップを発揮する意思を持つようになった、というのがキンドルバーガーの見解なのです。

もっとも、それは冷戦政策とも結びついていました。冷戦は一九四七年には明白になりますが、アメリカは一九五〇年に朝鮮戦争が始まるまで、軍事費はGNPの四%に抑え増やしませんでした。そのことを初代の国防長官になったフォレスタルは、アメリカは軍事費を最小限に抑えているが、それはヨーロッパの復興を助ける資金を増やすためである、と述べています。彼らはソ連の軍事侵攻よりも、西欧が経済的、社会的に崩壊する危険の方が大きいと正しく判断していたのです。また、それを防ぐことによって、アメリカの狭義の安全保障だけでなく、長期的な世界の安定が得られるとも考えていました。彼らは疑いもなく賢明でしたが、しかし気前のよい援助の動機づけを与えたのが冷戦であることもまた事実です。この冷戦は終わりました。

アメリカがこうした政策をとりえた理由として、もう一つの事情が大切です。すなわち、アメリカの経済力は断然大きかったということです。一九五〇年にアメリカは一国だけで世界の総生産の四〇%を占めていました。競争力も国民の平均的生活水準も明らかに並外れていました。だから寛大になれたところがあるので、それが今では二四%に低下しました。それは依然として巨大な経済力ではあるが、昔ほどのものではありません。この四十年間のギャップが、アメリカ人に焦りを生ぜしめているので、それはかなり深刻な問題なのですが、このことは次章でも触れます。

自由貿易体制とアメリカ

こうして、戦後のアメリカの指導力なしには自由貿易体制はできなかった、と思われるのですが、それは今日望むべくもなく、逆に「利己的」なアメリカが目に映ります。しかし、論理学でいうように、逆の命題は必ずしも成立しません。アメリカの指導力なしには自由貿易体制は崩れる、とは言えないのです。というのは、いったんできた体制はそれ自身の生命と論理を持つものです。だから、複数の経済大国が協力して国際経済体制を維持していくことは理論的に十分可能です。それに、戦後の自由貿易体制の場合、アメリカの指導力が重要ではあったが、それはまた交通・通信の飛躍的発達という技術的条件があったから成立したことを忘れてはなりません。

ここでまず重要なことは、絵に描いたような完全な自由貿易体制があると思い込まないことです。そうした思い込みが、小さい逸脱をいたずらに重大なものであると錯覚させるからです。ある時期までのアメリカの通商政策はその理想像に比較的近いものでした。しかし、そのときでさえ、アメリカの行動にはルール違反という性格のものがあったことを忘れてはなりません。その最大の例は農産物の輸入に関するものです。

アメリカ議会は一九五四年、農業調整法（一九三三年制定）を発動して、小麦、綿、酪農品、ピーナッツ、砂糖など、国内で価格支持を行っている農産物の輸入に輸入数量割当また賦課金を課すように要求しました。GATTの規定の中でも、国内での生産調整政策のために必要な数量制限は、例外的に認められてはいましたが、議会はGATTが決めている例外措置をとることができる要件を無視して、数量制限を行うよう求め、アメリカ政府もそれに従いました。その結果がウェーバー[*4]（義務免除）です。

もう一つの事例が、アンチ・ダンピング・コード[*5]の問題です。これは一九九三年末のウルグアイ・ラウンド[*6]の最終局面でも交渉の対象になりましたが、アメリカにそれを乱用する傾向があることはかなり早くから指摘されてきました。そこで一九六〇年半ばのケネディ・ラウンド[*7]で――これは関税率を大幅に切り下げた点できわめて大きな成果を上げたものです――アンチ・ダンピング政策を標準化するために、アンチ・ダンピング・コードが締結され、市場価格の計算と評価についても協定が結ばれたのですが、アメリカ議会はこれを拒否したのでした。今後もアンチ・ダンピングの問題はわれわれを悩ませるでしょう。

さらにアメリカは二国間交渉を通じて輸出自主規制を求め、実行させています。日本とヨーロッパの鉄鋼の輸出自主規制がそうですし、初めは日本、やがて新興工業諸国と対象は変わりますが、繊維製品についても同じことが行われてきました。

ここで重要なことは、全体としてアメリカが間違いなく自由貿易推進に努力していたときでも、そうした「保護主義」的な行為があった、ということです。それに加えて、農産物については、初めから生産調整政策のために必要な輸入数量制限が認められており、ウェーバーについてもアメリカは他のGATT加盟国の合意を得ることができたことに注目する必要があります。それは、第二次世界大戦後の自由貿易体制が、理想的な、あるいは絵に描いたようなものではないことを示しています。

十九世紀イギリスの自由貿易政策

私は、最も理論的にすっきりした自由貿易政策は十九世紀にイギリスがとった「一方的自由貿易政策」である、と思っています。イギリスは他の国々が自由貿易政策をとることを条件に、それに見合う形で自由化するといったことはせず、自らの輸入を次々に自由化していきました。それは理論的にも説明しやすいことです。

当時のイギリスの議論で重要なことは、関税をかけて、ある産業を保護しようとすることは、その商品の価格を上げるが、それは人々の生活の向上を妨げるだけでなく、国際的な競争力も低下させるというものです。イギリスの自由貿易発達史の最後のヤマは穀物法廃止[*8]ですが、廃止運動の人々の強調点は、農業保護をやめてその結果穀物の値段が下がれば、その分人々の生活はよくなるし、それだけでなく安い生活費の労働者が作る製品は安くなるので競争力も増大するということでした。

それは市場経済の原理からそのまま出てくるものです。経済の基本問題は、資本、熟練労働、原料、土地などの希少資源をいかに配分するかというものであり、その有限性から何に使うかを選択しなくてはなりませんが、その行為は価格の変動に対応し、各人が決める市場経済がよいことが一般的に承認されています。だとすれば、国際貿易でも、保護によってある品物の価格を上げることは、市場の働きを歪めるものであり、それだけ効率が低下するのです。それに、イギリスが穀物を買えば、売った国は金ができるから、イギリスの製品を買えるだろうという議論がつけ加わります。つまり「買わなくては売れない」ということで、この点は常識でしかありません。

いくらものを作っても、他国が貧乏でそれを買うカネがなければ、どうしようもありません。アダム・スミスは『国富論』の中で、隣国が豊かであることは、いったん争いになれば脅威が大きいことを意味するが、通常は自国の繁栄に有利である、と述べています。この二つが自由貿易の論拠なのです。だとすれば、他の国々の政策と無関係に、自国の輸入障壁を低くする方がよいのは明白です。

理論と現実のギャップ

こうした考え方は今日でもなお聞くべきものがあります。例えば、今日と近い将来の日本については、妥当するところが多い、と私は思います。繰り返しになりますが、外国の商品の方が安ければそれを買った方が自国の経済が効率的になるということと、買わなければ売れないという真理はよくかみしめるべきです。しかし、基本をそのまま実行することは、大体できないし、今日では例外的状況を別としてまず不可能です。先の議論に戻って考えましょう。

外国の商品の方が安ければ買った方がよいというのは理論的には間違いないが、しかし、それは現実的には、そうした商品を作る自国の産業は次第に姿を消していくことを意味しています。外国のコメの方が安ければそれを買うとなると——もっとも、すべて商品は安ければ売れるというわけではありませんが——日本のコメ産業はなくなるだろう。それでもよいのかということです。それは極端な例として、繊維製品が安いから外国から買うと——現にそうなっています——日本の繊維産業は縮小します。それは関係者にとってはつらいことだし、少なくとも変化が急激なものになるとき苦しみは大きなものとなります。

自由貿易は国全体にとっては多くの場合利益になるが、一国の中の産業を個別的にとると、それによって伸びる産業と逆に苦況に直面する産業が出るということです。あるいは、その立場や視点によって、自由貿易の利害得失は変わります。まず、最も概括的には、安い品物を外国から買うことは消費者にとって利益ですし、人間はすべて消費者です。しかし、消費者だけではない。彼らはまた生産者でもあって、その利益は単純ではありません。日本の現状を具体的に考えると、自由貿易は自動車産業など輸出能力のあるものには有り難いが、一方で対応に大層な努力を要求される産業もまた存在します。その結果、自由貿易政策をとるか否かは国内の諸集団の関心事になり、政治問題になるのです。

歴史の実例

十九世紀の歴史から実例によって考えると、まず第一に重要なポイントは、消費者としての利益は共通で、無視しえないものであるが、政治の場では、消費者のように広く散らばった未組織のものよりも、数は少なくてもよく組織され、まとまった集団の方が力を発揮するところがあるということです。だから例えば、十九世紀前半のドイツのように生産者団体が発達しなかったところでは、自由貿易政策が比較的楽に採用されました。しかし、十九世紀の終わりにかけては事態が変わり、鉄鋼業と東部のユンカーとが組織化され、共同戦線を張るに及んで、ドイツは保護主義に転じたのでした。すなわち経済団体の力関係がものを言うということで、これが第二の重要なポイントです。イギリスの事例もそのことを示していて、イギリスの自由貿易は穀物条例の廃止で確立されたのですが、その廃止は農業に利益を持つ土地貴族の力の弱まりがなくては不可能であったでしょう。

第三に、上述の事情は国家間にも妥当します。すなわち、世界市場での競争力が強いかあるいは強くなりつつある国は自由貿易を主張しがちであるということで、十九世紀のイギリス、二十世紀のアメリカがその例だとされます。もっとも、国の場合にはさまざまな産業があるので、以上のことは決して単純化されてはなりませんが、そのような側面があることも否定しえません。

第四に、純粋の政治的考慮も作用します。例えば、イギリスとフランスが一八六〇年に結んだ英仏通商条約は自由貿易がヨーロッパで広まる契機になったものとして有名ですが、フランスのナポレオン三世が条約締結を決意したのは、それによってイギリスとの関係をよくし、ヨーロッパ大陸での外交をやりやすくしたいという考慮によるものでした。プロシアのビスマルクについても同じことが言えるので、彼が一八六三年にフランスと通商条約を結んだのは、間近に迫ってきたドイツ統一とその際の不可避に起こるオーストリアとの抗争に備え、フランスと、ひいてはイギリスとの関係をよくしておこうという考慮が重要であった、とされています。通商条約はそれ自身に価値があるというより、友好の表現として意味があるとビスマルクは考えていた、と言われますが、そうした側面を忘れてはなりません。

第五に、より重要かも知れないのは、理念あるいは理想の作用です。大体、政治を力関係と利害関係だけでとらえるのは単純すぎて正しくありません。先に挙げたナポレオン三世とビスマルクの事例ですが、何故彼らは通商条約が友好を高めると考えたのでしょうか。この問いに対する直接の答えは、当時の人々がそう思っていたからだ、というものでしょう。すなわち、諸国家の間の自由な通商は平和に貢献するという理念が強かったのであり、目ざとい政治家たちはそれを見抜いていたのでした。

逆に言えば自由貿易運動は十九世紀において平和運動でもありました。その点を抜きにして、自由貿易運動を行った人々の情熱は理解できません。反穀物条例運動はそのことをよく示していて、それは決して温和な運動ではありませんでした。市民集会が開かれ、運動の歌ができたり、あるいはその理念を単純化した問答形式のラリーがあった、と記録されていますし、それは近代社会における大衆運動の最初のものと思われるところがあります。大体、人間はその利益を主張するという目的だけで強く行動できませんし、まして他人を説得することなどできはしないのです。経済学者キンドルバーガーは「一八五〇年代における自由貿易運動は、ヨーロッパが全体として、経済的利益よりはイデオロギー的考慮によって動かされたのではないかという可能性を示唆している」[*9]と書いています。

一八六〇年から二十年ぐらいの間はこれらの要因の作用が、自由貿易の推進の方向で揃った時期でしたし、それゆえ典型的自由貿易の時代になったのです。しかし、それはそのままは続きませんでした。おおまかに言うと、多くの国々が自国の狭義の国益を追求し始めたからです。その変化の明白なものは各国間の権力闘争が激化し始めたことですが、その際各国は国力の重要な構成部分として経済力を考え、すべての国が「富国強兵」を志向するようになりました。もちろん、自由貿易論には国内および国際的な利益の主張という面が強いし、イギリスによる自由貿易の主張はその国益達成のためのものでしかなかったという議論もあります。しかし、そこまで言うのは多分言い過ぎでしょう。自由貿易には多くの国々を豊かにし、かつ国際社会を平和にさせるところがあるので、だからこそ国際経済の基本原理となりえたのです。

このように、利益集団の力関係、国の経済力、政治的考慮、理念といった多くの要因によって貿易政策は決定されるのです。しかもそれは、権力政治的考慮という異常なものが経済政策に持ち込まれたというだけではありません。問題は経済政策の基本単位として国家をどれだけ強調するかということであり、実は、それは自由貿易論にかかわる基本問題なのです。

	輸出の伸び	GNPの伸び
保護主義 1830－1844/46	3.5	1.7
イギリスの自由貿易主義 1844/46－1858/60	6.0	1.5
ヨーロッパの自由貿易主義 1858/60－1877/79	3.8	1.7
保護主義への移行 1877/79－1890/92	2.9	1.2
保護主義 1890/92－1913	3.5	2.4

Paul Bairoch, *Economics and World History*, The University of Chicago Press, 1993.

表5-1　19世紀の貿易政策と輸出およびGNPの伸び

民主主義と同様、自由貿易制度は現実には最も好ましい制度ではあるが、教条的に善とされてはならない。そのことは十九世紀の政策と輸出およびGNPの伸びとの関連を考えれば分かる。

自由貿易と国民経済の健全性のバランス

実際、自由貿易論、特に一方的自由貿易論は常識的でもあり、すっきりしているのですが、現実はより複雑なものであることをデータは示しています。GATTで働いたこともあるスイスの経済学者ベアロックの作成した表（表5－1）を見てください。彼はヨーロッパ諸国の関税政策によって時代区分を行い、それぞれの時代の輸出やGNPの成長度を計算しました。それはいくつかの興味深いことを示しています。まず、イギリスの自由貿易の時代はヨーロッパの輸出は確かに伸びていますが、GNPの伸びは大したものではありません。次のヨーロッパの自由貿易の時代の成績は悪いものではありませんが、保護主義への移行期には輸出もGNPも成績が悪くなります。第三の

	保護主義に変わった年	その前の10年間		その後の10年間		その次の10年間	
		輸出の伸び	GNPの伸び	輸出の伸び	GNPの伸び	輸出の伸び	GNPの伸び
フランス	1882	2.1	1.2	1.9	1.3	2.7	1.5
ドイツ	1885	3.0	1.3	2.4	3.1	5.2	2.9
イタリア	1887	0.4	0.7	1.7	0.5	4.5	2.7

Paul Bairoch, *Economics and World History*, The University of Chicago Press, 1993.

表5-2　保護主義政策と輸出およびGNPの伸び

点は、保護主義のとられた次の時代が経済の成長率も高く、輸出も伸びていることです。まことに逆説的な効果という他ありません。

もう一つの表（表５－２）はそれをより詳しく示したものです。一八八〇年代に各国が保護主義的措置を導入した前後三十年間について、輸出とＧＮＰの伸びを計算したものです。それは大方の場合、保護主義をとる前の十年間よりも、とった後の最初の十年間の方がＧＮＰの伸びは早くなったことを示しています。そして次の十年間には輸出がかなり高く伸びているのです。

もっとも、統計というものは常に解釈が難しいものです。経済成長は多くのさまざまな要因によって影響を受けるものですから、関税政策と成長率がただちに相関すると考えるのは誤りです。しかし、自由貿易政策の結果がよくなかったこともあれば、保護主義的政策がそう悪くない結果をもたらしたこともあるのに注意しておく必要があります。でも何故そうなのでしょうか。

ベアロックは、一八七〇年代に始まる穀物の新大陸からの大量流入が重要であったとしています。このことは第１章において触れたことですが、革命的と言ってよい出来事でした。なにしろきわめて安価な穀物が入ってきたのです。ヨーロッパ諸国の食卓にはそれが見られるようになりました。保護主義をとって農業を守ったフランスでさえ、一八五〇年代に国内生産の〇・三%にすぎなかった輸入小麦が一八八〇年代には一九%になりましたし、ベルギーでは六%から一〇〇%以上になりました。ヨーロッパの平均では二二%が四半世紀の間に外国からの輸入にとって代わられたと計算されます。

ところが、ヨーロッパの全農業生産のうち三五~四〇%が穀物生産でしたから、この四半世紀に穀物の消費が増えなかったとすれば――実際、ほとんど増えていません――一年に三・三%ずつ農業生産が減少したことになります。そして、この時期、ヨーロッパの経済はまだ農業中心でした。一八六〇年代初め、ヨーロッパでは農業に従事する人が全就業者の六三%を占めていました。それゆえ、農業生産の減少は国民経済に甚大な打撃を与えるものであったのです。一八七〇年代と一八八〇年代の成長鈍化はそれによるところが多いと考えられます。

もちろん、穀物の生産で競争できなくなれば他の農産物に切り替えたらよいし、また、農業から工業あるいはサービス業と、競争力のあるものに転換すればよいのです。それが自由貿易の理論の教えるところですし、デンマークやベルギーはそうしました。またすべての国が遅かれ早かれその方向に進みました。しかし、生産品の転換や職業の変更は簡単ではありません。少なくとも時間がかかります。こうして放置すれば、農業が生産を減らし、極端な場合には衰微さえする恐れがあったし、それは国民経済にとって重大な帰結を招きかねません。だから保護主義がとられる必要があった、と考えられますし、また、望ましい結果をもたらしたのでした。

つまり、国民経済は少なくともその当時、人間の生活の最も基本的な単位でした。それゆえ自由な経済交流が国民経済の健全さを危うくするときには、それを制限しようとするのは当然だし、正当なものだと言わなくてはなりません。自由貿易論への例外として早くから承認されてきた「幼稚産業保護論」も、実は同様のことを主張しているように思われます。それは産業化の初期の産業はまだ弱いので、先進国の強力で優れた製品が入ってくると、競争によって打倒されてしまい育たない。だからある期間保護する必要があるというものですが、実は新産業の発達と同様、旧産業の転換についても事情は同じであり、自由な交流によって国民経済が不健全な形に変形することは避けた方がよいということになるでしょう。

それに保護と言っても、程度の問題であり、他国の商品をすべて締め出すというものではなく、貿易は続きます。したがって、国民経済が健全で、成長すれば貿易は増えるのであり、自由貿易で、各国の経済がおかしくなった場合よりも伸びるのです。一八九〇年から第一次大戦までの輸出増加はこうして説明できます。貿易がある程度以上自由でなくては競争が減少し、経済はうまくいかないが、国民経済が健全さを失っても困る。両方の考慮が大切なのです。

もちろん、それを両立させるのは容易ではありません。国民経済重視の方向に傾きすぎる危険も存在します。まず、国民国家は政治的決定を下す単位ですし、人々がそこにアイデンティティを感ずる対象です。そして、先に述べたように世界化の時代は国民国家の凝集性が高まる時代でもありました。そのため、保護を求める産業の声は発せられるが、それに対抗する声は弱くなるということになります。保護主義的措置は一時的で、限定的なものであればよいのですが、それが国益の根幹にかかわるものとされると問題です。それに、その国家は国際社会で他の国家と対立を含めた関係にあります。これまた既に述べたように、世界政治の時代は権力政治的考慮が強まった時代でした。そこでは、他人を豊かにして自分を豊かにするという発想ではなく、他人より自分が豊かになりたいという考え方になります。

妥協による現実的利益の追求

国際的均衡を乱してでも、自国の経済的安定もしくは繁栄を図る傾向が出てきました。それもあって、国際経済がうまくいかなくなると、各国はますます自国のことをまず考えるようになります。一九三〇年代の大不況の時代にはそれが目立つようになりました。それは各国の政府から見て避けられないことでしたが、しかし、それが国際経済を混乱させ、不況を一層深刻にしたのです。

その経験から、国内的安定と国際的均衡をなんとか妥協的に両立させようというのが、第二次世界大戦後の国際経済体制を作った人々の中心課題となりました。国内的安定のために各国政府がある程度の措置をとることが認められました。例えばウェーバー、あるいは農産物についての特例がそれです。それとともに、特例を勝手に使われては困るということで相互性の原則が重視されるようになりました。

こうしたことからＧＡＴＴは元来、自由貿易の理想と抽象的原則に基づくものではなく、妥協によって双方の現実的利益を図ろうとするものなのです。もちろん、過剰の妥協はシステムを骨抜きにする危険を含んでいますが、少々の逸脱を以て悲観的になることも誤りなのです。基本的な問題は、国民経済的視点は不可欠として、国際経済秩序が保たれるか否か、それにはどうすればよいか、ということです。先に述べた二十世紀初頭に多くの国が保護主義的傾向を強めたにもかかわらず、経済と輸出が好調であったのは、国際経済の秩序が保たれていたことによることを忘れてはなりません。イギリスが自由貿易体制を続けたことがそれにどれくらい貢献したかについては説は分かれるでしょうが、やはり大切ではなかったかと私は思います。

実際、各国が自らの国民経済を健全なものになるよう運営し、しかも国際的調和を図るというのは、国際関係の常識、すなわち基本なのです。各国が並立し、上に立つ強力な国際機構が存在しない以上、他に方法がありません。勢力均衡論も同じ論理構造です。しかし、二つのことに注意しておきましょう。一つは、勢力均衡論と一口に言っても良いものと悪いものとがあること、そしてその差は敵対性をどれくらい強調するかということです。国際政治から抗争を抜いて考えるのはユートピアでしかありませんが、抗争に明け暮れ、すきあらば他国を打倒しようとしていると考えるのも正しくないし、そうした考えは災いをもたらすのです。

もう一つは、勢力均衡だけでは不十分であるということ、すなわち力の自動的均衡はありえないということです。各人がそれぞれの利益を追求することが自動調和をもたらすとアダム・スミスは主張したように考えられていますが、実はそうではなかった、と私は思います。キンドルバーガーに始まる覇権安定論はその「プラス・アルファ」を指摘したことで、覇権安定はその一形態と考えるべきです。だから覇権が必要か否か、コンサート型協調がよいかといったことは形態の問題であり、根本的には国際経済の秩序の基本条件は何かという問いであるように思われます。

次の二つの章ではその問題を考えましょう。

＊1　GATT（General Agreement on Tariffs and Trade＝関税貿易一般協定）は、一九四八年一月一日に発効。当初の締結国は二三か国であったが、〔一九九五年〕現在は一〇〇か国を超す。締結国間の無差別、内外無差別および多面的均衡が基本原則。紛争当事国はGATTが扱う。ただ、輸入制限条項などがあって、理念的な自由貿易体制ではない。〔現在はWTO（世界貿易機関）に引き継がれている。〕

＊2　一九四七年六月五日、アメリカのマーシャル国務長官がハーバード大学での演説で明らかにしたもので、ヨーロッパ諸国に大規模な援助を与え、ヨーロッパ諸国を復興させ、共産主義の脅威に対処しようとした。アメリカの援助はピーク時にはアメリカのGNPの一・四％に達する巨額なものとなった。

＊3　チャールズ・P・キンドルバーガー　Charles P. Kindleberger（一九一〇〜二〇〇三）。米国の連邦銀行などに勤めた後、第二次世界大戦直後は、米国務省のドイツ・オーストリ

ア経済部で欧州復興計画に貢献した。その後、MIT教授。引用はキンドルバーガー著『大不況下の世界』石崎昭彦・木村一朗訳、東京大学出版会、一九八二年、から〔改訂増補版、岩波書店、二〇〇九年〕。

＊4　自由化義務の免除のことで、この義務の免除には、総会で三分の二の多数、かつ加盟国の過半数の賛成を必要とする。

＊5　ダンピングは不当廉売のことで、外国からのダンピングが国内の同種産品を生産している競合産業に損害を与えるときは、ダンピング防止税を課することがGATT第六条で認められている。ただ、アメリカには一九二一年制定の反ダンピング法があり、反ダンピングの伝統もあって、それを盛んに使用するので、ヨーロッパとアメリカがケネディ・ラウンドで基準を設けたが、アメリカ議会によって拒絶された。

＊6　一九八六年九月二十日、ウルグアイのプンタ・デル・エステで開始が決まった、八回目の多目的貿易交渉。それまで取り上げられなかったサービス貿易や知的財産権を扱い、農業についても自由化を推進することにした野心的なもの。しかしそのため、交渉は難航し、一九九三年十二月に妥協の末、ようやく成立した。

＊7　一九六四年から六七年にかけて行われた第六回の多角的関税引き下げ交渉。ケネディアメリカ大統領が一九六二年に提唱したので、こう呼ばれる。関税を引き下げて貿易を増加させるという考えで、引き下げ後の先進工業国の鉱工業関税は平均七・二％に下がった。しかしそれ以後、非関税障壁などの問題が出てくることになった。

＊8　穀物法とは、輸入穀物に関税をかけることによって、イギリスの農業と土地貴族を保護しようとしたもので、イギリスの保護主義の象徴的な存在である。イギリスの自由貿易政

策によって一八四六年に廃止されたが、そのときまで二十年余り、イギリスは種々の保護主義的制度を廃止してきたので、それによって自由貿易制度は完成した。しかし、穀物法の廃止はイギリスの政治では大問題になり、そのため政界で変動が起こった。

＊9　キンドルバーガー『大不況下の世界』。

第6章 「競争力」という妄想

現実を見る枠組み

間違った理論というものは恐ろしいものです。あるいは、それ自体正しい理論の誤った使用がそうです。それは間違った方向へ、人々が現実を見る際の枠組みを与え、自らに位置づけ、問題解決へと向かわせるからです。アルバート・アインシュタインの次の言葉は的を射ています。

「人は、自分に最も適したやり方で、単純にしてかつ理解可能な世界像を自分のために形作ろうとする。人はこの世界像を自己の経験の中に読み込み、個々の経験の限界を超えようとするのである。……人はこの世界像を自分の感情世界の中心に置き、そうして、自分の経験だけの世界からは得られない平和と安寧とを見出そうとする」*1

特に、国際関係についてはそうなります。というのは、世界はあまりにも広く、複雑で、なにがなにやらよく分からないところがあるからです。冷戦と二極体制は、良かれ悪しかれ、そうした世界像を与えてくれました。それがなくなった今、人々は多少強引にでも、そうした世界像を作ろうとしています。

国家間の経済力と心理的問題

その中でかなり強力であり、最も危険なものは、今後の国際関係が諸国家間の経済力の競争のそれであるとする考え方だ、と私は思います。アメリカの経済学者クルーグマン[*2]が「競争力という名の危険な妄想」と呼んだものです。geo-economics「地政経済学」あるいは「地経学」と呼ばれるものもほぼ同じ趣旨です。

それは、国家が直面する経済問題を、世界市場をめぐる競争力の問題と同じとみなし、コカ・コーラとペプシ・コーラがライバルであるのと同様、アメリカと日本を経済力でのライバルという点だけでとらえ、競争に敗れるならば悲惨な結果になると考える立場です。政策について言えば「数値目標」はそうした考え方に基づいています。貿易が国力の消長にかかわるものであれば、輸出を伸ばすよう国家が後押しすることも必要になりますし、その一つの目安としてこれだけのものを買えということにもなります。

こうした考え方が力を得ることは決して不思議ではありません。というのは強力で危険な理論のほとんどがそうであるように、それは強い感情によって支えられている上に、理論を進める際にバランスが欠けているとはいえ、理論の中身に相当の根拠があるからです。

まず、強い感情とは、アメリカが四十年前のあまりにも強力であったときと比べて、相対的に力が低下してきたことから生まれます。前章で書いたように、一九五〇年のアメリカのGNPは世界の四〇%でした。それは異常現象で、どの道長続きしないものではあったのですが、しかし、追いつかれ気味というのは誰にとってもうれしいことではありません。特に、アメリカはこれまた前章で書いたように、気前のよいリーダーで、そのおかげで欧州と日本は復興することができ、成長することができたのですから。もっとも、大きな目で見れば、それはアメリカをより豊かにもしたし、またそうした欧州や日本の協力を得たからこそアメリカはソ連に優越することができたのです。

だが、人間の心理として、「おれは甘すぎた」と思うのは自然のことです。やがてお話しするアジアの急成長もそうで、アメリカの市場が開放的でなかったなら、アジアの「輸出志向型」の新興経済はあれほど成功しなかったでしょう。それも世界から見て、したがってアメリカから見てもすばらしいことですが、同時に将来のライバルを生み出してしまったということでもあります。

そこでアメリカ人は複雑な心理的問題に直面することになります。すなわち、アメリカ製商品のシェアが減ってきたのは、アメリカの市場は開放されているが日本はそうではない。見かけはそうでなくても、日本の市場は隠微な形で閉鎖されている、といった感情が出てくるのです。それもまた完全に嘘とは言えません。しかし、それが日本の成功を十分に説明するものでもありません。他人の、あまりにも急激な成功については、なにか特別の、そしてしばしば不正を含む原因があるのではないかと考えるのが人間の性《さが》というものです。同じことは歴史を通じて繰り返されてきました。相当数のアメリカ人がそうした感情に動かされるようになっても、特に異常というわけではありません。

「戦略的貿易」の理論

次に危険な理論の中身ですが、国際関係を動かすものとして経済力を考えるのはそれ自身おかしいことではありません。特に、核兵器の出現によって軍事力の効用が低下し、その上冷戦が終わって軍事力を利用した抗争もありそうにもないということになると、次は経済だという考えが出てきても不思議ではありません。日本の中にもそうした考えの人は少なくなく、ただ彼らは経済関係を中心に営まれる国際関係は平和だと単純に考えています。逆に競争力の理論は経済関係を専ら力関係としてとらえるのです。両方とも一面しか見ていません。ただ、冷戦後の国際関係はどのように動いていくのか分からないというのでは不安すぎます。私はそれが現実により近いと思いますが、そのような不安に人は耐えることを好みません。

それに、経済力は国際関係の「究極の力」ではないが、しかし重要な力の要因なのです。豊かな経済があれば、そして優れた技術力があれば、強い軍事力を作ることができるし、逆に、経済力の基礎がなければ、軍事力を強くすることはできません。経済力なしに軍事力を強化することには、無理が生ずるのであり、米ソの抗争がアメリカの勝利に終わったのも、結局は経済力に差がありすぎたことが重要だったのです。その上、軍事力を作らなくても強大な経済力は国際関係における影響力となります。経済援助は相手に役立つものではあるが、いやそうであるから影響力にもなるのです。

ただ、それだけなら、第2章で述べたように、現在の力の性質を単純すぎる形でとらえているのですが、しかし、競争力の理論や地経学はもう少し洗練された理論に基づいていますし、それは現代の国際経済関係についての鋭い洞察を含んでいるのです。「戦略的貿易」の理論と呼ばれるものがそれです。この理論は三つの点で、現代の貿易が古典的な自由貿易理論の想定したものと異なっていることを指摘することから始まります。

その一つは規模の利益で、簡単に言えば生産量を増やせば、単位当たりのコストは安くなるので有利だということです。実際、現在の貿易は十九世紀のそれのように工業製品を売って原料を買うという具合に、本来的に存在する比較優位の産品を売買するのではなく、工業製品の売買、すなわち「水平貿易」の方が多いのですが、そうなっている理由は大規模生産の優位にあります。

第二は技術の重要さということで、それが比較優位を生み出す最も重要な要因であり、地理的特徴などその国の本来の利点よりも、さらには大規模生産よりも重要と考えられます。しかも優れた技術はそれを生み出した産業に対してだけではなく、その国の他の産業にも種々の好ましい波及的利益を与えます。経済学で言う「外部効果」です。

第三に、国際市場は決して「完全」なものでなく、「不完全」であり、換言すれば「寡占的」なものと考えた方がよいものです。すなわち、伝統的には、多くの生産者がいて、それぞれが小さいので、商品の価格を動かすとか、競争者の行動に影響を与えようとかは望みえない状況が市場経済と考えられてきたのですが、産業によってはそうではない状況が出現したというのです。確かに、ジャンボ旅客機に代表されるような超大型機の業界には、ボーイング、マクドネル・ダグラス〔のちボーイングに吸収合併〕、ロッキード〔現ロッキード・マーティン〕、それにヨーロッパのエア・バスぐらいしかありません。新しくこの業界に参入しようとしても簡単にはできません。開発費などが巨額なので、大規模生産にならないと利益が上がらないし、経験や技術の蓄積が違いすぎるからです。こうして寡占は続くし、その場合、これら少数の会社は価格に影響を与え、競争者に影響を与えることを考えて行動します。

以上のような変化から、市場の自動調節作用に任せておいたらうまくいくとは限らなくなったのであり、時としては政府が補助金を与えるとか、保護関税をかけるとかして、戦略的に重要と思われる産業を伸ばすよう努力すべきだというのが、戦略的貿易の理論です。

例えば、規模の経済ということから言えば、ある国が戦略的に重要と思われる商品について、関税によって自国の市場への輸入を難しくし、他の国がそうしないとすれば、自国の産業は自国の市場と他国の市場で活動できるのに対し、他国の産業は保護されている市場では自由に活動できないから、自国の産業の方が有利になるということになります。また、「外部効果」を持つ、重要な技術については、そうした技術革新を生み出し、短期的には少々無理をしても、技術革新によって生み出したものの生産を企業が拡大すれば、間もなく単位当たりのコストが安くなり、さらに多く売ることができて、採算がとれるようになるのです。それは国民経済全体に好影響を及ぼします。この過程で、相対的に弱い企業は駆逐されてしまいますし、寡占状態になれば、それは続きます。恐らくこの点が現在の国際経済の最も危険な可能性の一つかも知れません。というのは、ある分野では少数の企業しか生き残れないとすると、そして、その座が国民経済にとって重要であるとすると、その座をめぐる国際的競争は熾烈なものとなります。

そうであれば、技術を育てるために種々の助成策をとるとか、自国市場を保護するとか、国外への売り込みを、政府の後押しで行うことが意味を持ってきます。実際、一九九〇年前後の日本経済の成功はそうした事情に基づいています。日本は半導体について――一時的ではありましたが――そうした政府の政策によって優位を勝ちえたのです。日本政府は半導体をそうした技術革新に基づく産業とみなし、種々の手段によって日本への半導体の輸入を少なくし、日本の半導体産業の成長に貢献したのでした。

こうして、日本の経済力の増大を他国が懸念を持って見るのも、また、アメリカが今日、経済力を重視し、それを再び強化しなくてはならないと考えるのも当然のことであり、また、その際政府がそれを政策目標として掲げるのも間違っているわけではないのです。

戦略的貿易理論の危険性

しかし、競争力重視の理論は、いくつかの点で間違っており、それゆえ危険な妄想だと言わなくてはなりません。また戦略的貿易の議論は鋭い指摘を含むものの、したがって経済交流への安易な楽観論に対して有意義の批判となりうるが、しかし政策とするには危険が伴います。

最も重要な点は、経済関係は基本的には相互の利益に基づくということです。それはきわめて常識的ですが、決して忘れられてはなりません。きわめて平凡な事実ですが、アダム・スミスが二百年以上も前に言った通り、近くに豊かな経済がない限り、いかに優れた商品でも売れはしません。

それに、現在のように軍事力の効用が低下し、相互依存が増大した時代においては、他国が貧しいということは安全保障上の脅威にもなります。他国と比べて自国が貧しいとき、まず怨恨感情が生じるし、それだけでも外交がやり難くなります。それに、難民、もしくは出稼ぎの人々が大量に発生することは避けられません。それを阻止する人為的な方法はまず存在しないのです。北と南の生活水準に大きな格差が生ずるのは、こうして、ひどく恐ろしいことなのであり、例えば、日本としては二、三の国を除いて、アジア・太平洋圏の諸国が経済成長を始め、将来に希望を持つようになったことは、この上もなく有り難いことなのです。かなりの幅の海という防壁を持つ日本でさえそうなのですから、他の国々についてはそのことは自明のことと言わなくてはなりません。全体として、われわれは経済関係の対立的側面を誇張すべきではないのです。

以上に述べたような基本は忘れてはならないが、それですべての問題が片づくわけではありません。そこで、特に戦略的貿易の理論について、もう少し具体的に検討していくことにしましょう。

それというのも、戦略的貿易の理論に対してまず私が感ずるのは、全体としてモデルを用いた思考が強く、歴史的な事例に基づく考察が少ないことです。そしてモデルを用いた思考は時として鋭い指摘をするが、現実の世界とはかけ離れていることが少なくありません。一つには、どのようなモデルを使うかということ、特にどういう前提を置くかによって結論は大層異なるものとなります。モデルは抽象的なものですから、それも当然でしょう。その点歴史から学ぶ方がバランスのとれた知恵を与えてくれます。実際、モデルを用いて得られる考察の中で妥当と思われることは、歴史上見られるものでもあります。例えば、関税など保護主義的措置がその国を繁栄させたことは前章で述べたように歴史上存在するし、特定の産業を育成しようとする試みもそうです。ただ、逆にそれらが失敗したこともあるのを歴史は教えています。

具体的に言うなら、いくつかの産業が国民経済上重要であり、政府の施策がその発展にとって有効であることは多分理論的に正しいのですが、具体的にどの産業を育成すればよいのかが分かるのだろうか。分かるとして政治が正しく判断できるのだろうかが問題です。例えば、民間航空機産業ですが、それが寡占状態にあること、ハイテク産業であり、政府の支援が必要であることは間違いありませんが、しかし巨額の税金を使い、優秀な技術者を集めるコストを支払って航空機産業に参入することが国民経済にとってそれほど有益でしょうか。大体こうした産業は未来の中心産業と考えられるものですし、だから育成すべきだと考えられるのですが、人間の予測能力はまことに限られています。確かに、十九世紀のドイツや二十世紀の日本など、政府の育成策が成功した歴史的な事例は存在します。しかし、それらは後発国で何を伸ばしたらよいかが分かっていたものであることは重要であるように思われます。十九世紀では鉄道、鉄鋼がそうしたもので、イギリスなど先進国の事例から、それが基幹産業であることは明白でした。

こうして先を見通せないのに、それに加えてどの産業を育成すべきかは政治的過程によって決まります。そして、専政もしくは独裁の場合に大体決定が間違うことは、第二次世界大戦後のソ連や多くの開発途上国の事例が示しています。民主主義国の場合には、経済的利益集団がロビイングや政治家への献金を通じて、自分たちが優遇されるように働きかけます。それゆえ、この政治過程で力のあるものが援助を受けるようになりがちであり、そうした産業が国民経済上より重要だとは限りません。どうやら、特定産業を支援するのは、大概の場合、税金の無駄使いとなりそうです。

寡占のモデルを使うことのもう一つの問題点は、相互依存の複雑さを見逃すことです。今日ではAという国のａという企業とBという国のｂという企業が競争するというような簡単な状況はありません。大きな企業はあちこちにネットワークを広げています。だから、××国製の××ということはあまり意味がありません。アメリカ製のミサイルと言っても、それを構成する部品はあちこちの国で作られています。湾岸戦争で猛威を発揮したミサイルに使われている半導体のほとんどが日本製であったことを知って、アメリカがこれではいけないと考えたのは、伝統的な国力論から言えば当然のことなのですが、現在の世界では多くの商品がそうなのです。それに半導体が「日本型」というのも実は正しくなく、シリコンがフランスから輸入されているなど、原料はほとんどが日本以外のものなのです。

政府は経済を思いのままにできない

それゆえ企業の競争力と国家の競争力は同一ではなく、ときには矛盾します。各企業はその生産拠点を世界各地に移し、市場への接近を増大させたり、コスト、特に労働コストを下げたりして、その競争力を増やしうるし、そうしなくては結局競争に負けてしまう恐れがあります。だから例えば、アメリカに起源を持つ多国籍企業[*3]が、東南アジアの工場で作った製品を日本に輸出しても、日米間の貿易バランスにはなんの影響もありません。その多国籍企業は競争力を高めますが、貿易収支から判断する限り、アメリカの競争力の強さは数字からは分からないのです。しかし、言うまでもなく、アメリカの企業が海外に出ることを政府が禁止しても、それが守られるとは限らず、もし禁止が守られた場合、その企業の競争力は低下してゆき、やがて競争に負ける恐れがあるのです。こうして、現在の世界において各国は世界的な相互依存の中でしか豊かになれないのです。

以上の議論は一国の政府が積極的に行動して、その経済を富まそうとしてもうまくいかない場合が多いことを示しているにすぎません。実はそれも歴史の教訓の一つで、経済で成功し、それによって強大になった国は、そのことを意識してなったわけではないものがほとんどです。イギリスもアメリカもそうでした。そして、戦後の日本もそうだった、と言えるでしょう。逆に、強力な政府が計画を立て中央集権的に発展を目指した場合、一時は成功を収めるが、結局は失敗したように思われます。ソ連がそうでしたし、十七〜十八世紀のフランスもそうでした。

有名な戦略理論家アルフレッド・マハン*4の代表的著作『海上争覇戦』はそのことを示唆しています。この書物の中心的テーマは、十七〜十八世紀に英仏が国際政治の主導権をめぐって長い抗争を繰り返したとき、その帰趨《きすう》を決めたのはイギリスの海軍力であったというもので、その点は単純すぎます。それだけに主張に迫力があり、多くの政治家、したがって国家を動かしたのですが、この点だけが記憶されているのは不幸なことです。というのは、何故海上での英仏の争いでイギリスが勝ったかの説明が非常に優れているからです。

海軍が重要であるとなるとフランスもそれを作ろうとするはずです。事実、フランスはそうしたのであり、強力な宰相コルベールの下、体系的、中央集権的な仕方で海軍建設が行われ、目覚ましい成果をあげました。捕虜になり病院に入れられていたイギリスの海軍士官は、フランスの造船所が、イギリスのそれよりもはるかに早く、円滑に造船していることを帰国後報告しています。この報告以来今日に至るまで、国家主義的な経済運営の成果を描いたものがいくつも出されてきました。しかもなお、フランスはイギリスに優ることはありませんでしたし、他の国家主義的な経済運営もそうでした。

その点についてのマハンの判断は見事です。フランスの海軍建設は政府によって「強行された」ものであり、結局根づかなかった。それに対し、イギリスでは海軍の成長は海運、さらには漁業といったものとつながっており、自然に発達したものであったので、長続きし、強大になったのだ、というのがマハンの主張です。彼は海上権力は「平和的で広範な通商に基づかなくてはならず」、それゆえ「商業の営みへの適性」こそが根幹的なものである、としています。海軍だけをとると簡単なようだが、それを生み出すのは経済であり、その経済は複雑な自然の成長物なので、政府が思いのままに動かすわけにはいかないのです。政府の積極的経済政策の失敗の基本的原因はここに求められます。さらに言えば、一国の盛衰が政府によって左右されるところは決して多くはないのです。

国家と経済政策のあり方

だから、基本はやはり市場経済と自由貿易ということになります。しかし、それで自動的にうまくいくわけではない。まず、政府は一部の人の言うほど大きなものではないが、それでもかなりの役割を果たします。十八世紀のイギリス、十九世紀のアメリカ、二十世紀後半の日本が、すべて市場経済であると同時に保護主義的な措置をかなりとったことは見逃せない事実です。それは教条主義的自由主義にとって都合の悪い事実ですが、事実は事実です。それについてはさまざまな説明——例えばこれらの国が後発国であったこと——が可能ですが、そう説明することによって保護主義的措置は一時のことであったと片づけるのは間違いです。政府はつねに役割を果たすのです。

特に現在はその面が強いのです。どの先進工業諸国でも、政府は経済上の最大の行為者であり、それが何に、どのようにカネを使うかは経済に大きな役割を果たします。それに加えて、およそルールのない経済活動はありえませんが、そのルールがどのようなものかも重要です。その結果、関税が保護の度合いを決めるものとし、それを下げれば自由貿易である、とは言えなくなったことが、現在問題を難しくしています。諸国家の制度や政策が国際経済に影響を与えるから問題にせざるをえないのですが、それらは事柄の性質上画一的な基準で判断するわけにはいきません。

それに、国際的な経済交流の帰結は、放任するのには重大でありすぎるかも知れません。昔と違って、強力な産業は世界に進出することができるし、成功すれば相当の支配力を持つようになります。そのような産業がありうることを指摘したのは戦略的貿易理論の正しいところですし、「敵対的貿易」という言葉もそうで、それは他の産業をたたきつぶし、世界大に広がるような貿易を行うことですが、昔はそのようなことはほとんどありませんでした。したがって各国がそうしたものを持とうとし、あるいはそれによって自らが支配されないよう努力するのもまた自然です。ある意味で、現在の国際経済は、各国内で独占が問題になった十九世紀末の国内経済に似ているかも知れません。そのとき人々が与えた解答は独占禁止法でしたが、国際社会ではそうした法律を作り、実施することは不可能と思われます。

国際社会ではこうした自由貿易の問題点を各国が協調と抗争を通じて——抗争の面を強調しすぎるのはこの章で述べてきたように正しくないが、抗争はなくなりません——なんとか解決していかなくてはならないのです。

＊1　この的を射た言葉は、ロナルド・トビ著『近世日本の国家形成と外交』速水融他訳、創文社、一九九〇年、の一三七ページで知った。引用の原文は Albert Einstein, *The World as I see it*, Covici, Friede, Publishers, 1934.

＊2　ポール・R・クルーグマン Paul R. Krugman（一九五三〜）。アメリカの代表的経済学者。国際分業について伝統的な比較生産費説は妥当しないということを指摘し、政府の役割が重要であると主張。それとともに、政府の経済への介入のマイナス面も意識している。「競争力という名の危険な妄想」は"Competitiveness: A Dangerous Obsession", *Foreign Affairs*, spring 1994. 邦訳は「中央公論」一九九四年五月号所載。

＊3　生産をはじめ、販売、技術開発などの事業活動を複数の国にまたがって行っている多国籍企業は、第二次世界大戦後の貿易や資本の自由化、直接投資規制の撤廃に伴って成長してきた。海外で収益をあげている国際企業は多く、典型的な企業には、ソニー（日本）、フォード（アメリカ）、エクソン〔現エクソンモービル〕（アメリカ）、ロイヤル・ダッチ・シェル〔現シェル〕（イギリス・オランダ）、ジーメンス（ドイツ）などがある。

＊4　アルフレッド・T・マハン Alfred Thayer Mahan（一八四〇〜一九一四）。アメリカの海軍将校、戦略理論家。マハンの著作は海運関係者のみならず、アメリカのセオドア・ルーズヴェルト大統領やドイツのヴィルヘルム二世などに大きな影響を与え、第1章で述べた世界争覇戦の主要なイデオロギーとなった。主著は *The Influence of Sea Power upon History 1660-1783*, Parkhill Boston, 1890. 本文中で題名を『海上争覇戦』として紹介したが、邦訳書として『海上権力史論』北村謙一訳、原書房、一九八二年〔新装版二〇〇八年〕、がある。

第7章　相互依存とその危険

国家が管理できなくなったカネの流れ

現在の相互依存の最も明白で劇的な側面は金融上の相互依存です。いや、相互依存以上に地球化（グローバリゼーション）と言った方が正しいでしょう。情報にかかわるテクノロジーの進歩によって、カネはものすごい速度と量で世界を動き回るようになりました。カネは基本的に情報ですから、貨幣をいちいち持って歩く必要はなく、キーボードを叩けば、無視できるほどの時間で、太平洋を越え、あるいは大西洋を越えて運搬されます。それに、コンピューターの進歩で、大量の情報をこれまた恐ろしく短い時間で処理することができることになりました。

カネは少しでも有利なところに移動するようになったのであり、その結果、カネの流れはモノの流れの数十倍に達すると推計されています。もちろん、こうしたカネの流れの大量化は、各国の金融制度がかなり似たものになるとともに、大幅に自由化されたことにもよります。ただ、それを分けて指摘することはそれほど意味がないことで、カネの動きが技術的に容易になったので、各国が金融を規制することが無意味、もしくは不可能になり、規制緩和が進んだと言えるのです。

その重要な帰結は、国際的な通貨の供給と管理が「民営化」され、国による管理が難しくなったということです。カネを動かすのは銀行や証券会社や保険会社であり、各国の政府はそれらを有効に管理することはできません。より具体的に言えば、その結果、為替レートを安定させることは難しくなり、各国政府はその国民経済政策への影響力をさらに弱めるようになりました。為替レートの変動は、この十年間、われわれが身をもって体験してきたことであり、こんなことで将来大丈夫なのだろうかという懸念を持たせるものでもあります。

状況が完全に把握できないことを認める

この新しい現象に対処するのがきわめて大切な課題であることは明らかです。ただし、われわれには状況が完全に把握できていないことをまず認める必要があります。

現在存在する統計機構はそうした巨大なカネの流れを正確には把握できません。また、統計におけるカネの流れの概念は、企業が行う国境を越えての活動を反映していません。例えば、貿易統計においては、他国にあるその国の企業から輸入するのも、他国にある多国籍企業からその親会社が買い入れるものも、同じ輸入として処理されますが、この二つのものが意味するものは違うはずです。

十年ほど前、私は十九世紀末のイギリスの通商外交政策に関する議論を研究して、そのころの通関統計はあるので、イギリスの貿易収支は分かったのですが、金融、海運、保険など、今日ではサービス貿易、もしくは貿易外収支として統計があるものは分からないままに議論が行われていたことを知って、人間の知的能力の有限性を思ったものでした。そ

（単位：100万ドル）

1978年	−15,143
1979年	−285
1980年	2,317
1981年	5,030
1982年	−11,443
1983年	−43,623
1984年	−98,824
1985年	−121,721
1986年	−147,529
1987年	−163,474
1988年	−126,656
1989年	−101,143
1990年	−90,428
1991年	−3,682
1992年	−37,943

※1992年は上四半期
Economic Report of the President, 1993.

表7-1 アメリカの経常収支

れは統計の未発達のためというよりは、人間は現に起こりつつある大変化は十分には把握できないものであるという理由によるのです。したがって後世の人々は、現在のわれわれの議論を研究して、各国が経常収支という、すでに有効性が相当失われた指標を使って、激しくやり合っていたことを笑うだろうなと、思いました。

実際、アメリカの経常収支の赤字（表7－1）は、少なくとも短期的には、アメリカにとって大したマイナスではなさそうであります。アメリカの経常収支の赤字は、アメリカが世界の資本市場でそれだけのカネを借りることができるから生じているのであって、それゆえ、経常収支の赤字は、大きく変化した国際的金融によって処理されているとさえ言えるかも知れません。もちろん、長期的には問題は残ります。私の言いたいのは、史上恐らく最初の、カネのものすごい流れは、われわれの統計上の方法の限界と、さらに言えば概念上の限界から、十分にはとらええないものだということです。真実に重要なことは、それは統計によって正確にとらえることができないままに対処しなくてはならないのではないかということだ、と私は思うのです。

世界を混乱させたアメリカの貿易収支の大赤字

そのような但し書きをつけた後で、為替レートが各国経済の実体からかなり離れて、大きく変動することはやはり大きな問題です。為替レートの変動は、税金や補助金と同じような役割を果たします。具体的に言えば、例えば円高は日本の輸出企業に重税を課し、輸入にかかわる企業に補助金を与えるのと同じ効果を持っています。それが甚だしいものになるとき、各企業がどのように努力しても対処することはできません。しかも、日本の企業の人々が言うように、円高が固定すれば、それはそれでやり方もないわけではないが、それが変動するのだからたまらないのです。要するに、為替レートの大幅で激しい変動は貿易を歪め、対立を激化させ、相互依存の体制を破壊する恐れがあります。

過去十数年は激しく大きく変動する為替レートとの苦闘の時代でした。そして、関係者たちはこの間、無力あるいは当惑を味わってきたように思われます。最近起こったことなので、私の個人的体験を交えながら、この時代を振り返ってみたいと思います。金融の世界化が国際関係のあらゆる面に影響を与えるようになったのは、一九八〇年代初めのレーガン大統領の時代でした。その少し前、大平内閣の時代に私はいくつかの委員会に出ていたのですが、そのときのアメリカに関する支配的意見は、アメリカ経済の世界における地位は変化したものの、それなりに安定しているというものでした。すなわち、アメリカの貿易収支は赤字傾向が定着したが、貿易外収支は黒字であり、それにアメリカが過去の海外投資から得られる収益があるので、その国際収支はバランスがとれている（表7－1参照)。それは十九世紀後半にイギリスがそうなったように、普通の歴史的展開であり、それでアメリカは十分やってゆける、と考えられたのです。

ところが、一九八一年に大統領に就任したレーガンは、減税と軍備拡張とを行う、いわゆるレーガノミックス[*1]を行いました。それは財政赤字を生み出しましたが、レーガン政権はインフレを抑制するため高金利政策をとったため、ドル高を招き、アメリカの輸入量は激増しました。逆に輸出は伸びなくなり、貿易収支赤字はにわかに巨額なものとなったのです。「双子の赤字」と言われたものです。その間、日本の貿易収支黒字は激増しました。それは表7－2に明らかですが、そうした現象を見ていて、私は空恐ろしい感じさえしたものです。第一次世界大戦のとき、イギリスの赤字が増え、アメリカの黒字が増えて、アメリカがにわかに最大の債権国となったのですが、それと同じほどではないにしても、それに近い大変動だというのが私の感じでした。

アメリカではそれ以前から日本の貿易収支黒字に批判的な見解が存在しただけに、アメリカの大赤字と日本の大黒字について日本を批判する声が起こりました。それに対して、一九六〇年の「所得倍増計画」の頭脳であった下村治氏は、日本は悪くない、アメリカが悪いと反論しました。アメリカが政府も国民も過剰消費をしている以上、貿易収支が赤字になるのは必然のことであり、アメリカの赤字はアメリカに責任があるというのです。

この反論はセンセーショナリズムでも、偏狭なナショナリズムでもありません。私は何回か下村さんにお目にかかったことがありますが、控え目でシンの強い「古き良き日本人」と合理的知性が結びついたすばらしい方でした。『日本は悪くない――悪いのはアメリカだ』（文春ネスコ、一九八七）という書名はセンセーショナルですが――それは編集者がつけたのでしょう――下村さんの議論にはアメリカのような指導的国家がひどく常識外れのことをすれば、どうしても世界は混乱するという悲しみのようなものさえ感じられました。

（単位：100万ドル）

1978年	16,534
1979年	−8,754
1980年	−10,746
1981年	4,770
1982年	6,850
1983年	20,799
1984年	35,003
1985年	49,169
1986年	85,845
1987年	87,015
1988年	79,631
1989年	57,157
1990年	35,761
1991年	72,901
1992年	117,551

表７-２　日本の経常収支

是正への動き

ここでは、レーガン大統領の政策を評価はしません。ソ連がアフガニスタンに侵攻し、冷戦が再び激化したとき軍備強化はやむをえなかったとも思います。少なくとも、それが抗争関係にある人間の自然の反応です。もっとも歴史を振り返って、一九八〇年代の冷戦の激化ほど空しいものはなかったというのが私の思いです。その数年前、米ソのデタントがあったのに、冷戦の激化はアメリカの経済を不均衡にし、ソ連を崩壊させることによって、国際政治の仕組みを急激に大きく変えました。

ソ連のアフガニスタン侵攻が歴史的な誤りであったことは間違いありません。しかし、古来からの抗争の歴史は、最後に不要と思われる抗争を一回やらないと抗争は終わらないことを示しています。ナポレオンが一回負けてナポレオン戦争が終わったように見えたのに、ウィーン会議の最中にフランスに帰国し、フランス軍を率いて再度挑戦し、ウォータールーで敗れたのはその最も劇的な事例かも知れません。人間にはそうしたところがあるのでしょう。

それはともかく、ここで重要なことは、アメリカが巨額な経常収支赤字を出しながら、当面弱りもせず、新しい発展も見られたということです。それは、アメリカの高金利政策が世界中のカネをアメリカに引きつけ、経常収支赤字をカバーしたからです。それは金融の世界化あるいはカネの自由な流れによって可能になったのであり、アメリカは巨額のカネを海外から借りることで、自分が生産する以上に消費することができたのです。かつては一国の経済政策は経常収支を基準に考えるべきものとされました。しかし、今では逆で、カネを借りること、すなわち資本収支が黒字になれば経常収支は赤字でもよいことになります。そうしたカネの流れは資本市場の自律的な動きによって決まるので、したがって資本市場の自律性の増大が経常収支の不均衡を拡大する作用をも持ちうるということになります。

以上は二つのことを考えさせます。一つは、アメリカがそういうことができたのはその通貨であるドルが国際的な基軸通貨であるからで、カネの自由な流れはアメリカに規律を求めることが難しくなったのではないかということです。私は、経済史家スーザン・ストレンジ[*2]が「覇権安定論」に批判的であるのを、何回かの国際会議で聞きました。彼女はアメリカが国際通貨と国際的安全保障力という二つを持っている点で他国と異なるとした後で、最近の国際経済の混乱はアメリカの覇権が弱まってきたからではなくて、アメリカがその覇権を正しく使わなくなったためであると論じています。フランスにも、同じような考えの学者がいます。この指摘は考えさせられるものを含んでいますが——例えば、かなり強引、かつ利己的にその強みを生かそうとするアメリカが覇権を持ち続ける、いわゆるパックス・アメリカーナⅡの可能性——目下のところ、私にはこの検討をさらに進める能力がありません。

それに協調による国際経済の運営も幻想ではありません。アメリカの経常収支の不均衡はアメリカ自身にとって困ったものだし、それは国際経済を不安定にもするため、一九八〇年代の半ばにはそれを是正しようとする動きが始まりました。一九八五年のプラザ合意がそれです。それはアメリカが巨額の経常収支赤字を続けることは不可能という認識に基づいて、特に日米間の不均衡を是正することを目指したものでした。アメリカは財政赤字縮小、金融緩和によってドルを下げること、逆に、日本は積極財政策による内需拡大と円高が求められたのでした。

協調の困難と必要性

各国はマクロ経済政策で調整することの必要性を認識したのですし、G7[*3]はそのために努力してきたのです。しかし、それは容易な仕事ではありません。ある国はインフレを抑制しなくてはならないと思い、別の国はしばらくの間不況を避け、あるいは好況を続けたいと思っています。前者は高金利政策、後者は低金利政策をとろうとします。それが為替レートの調整と安定につながればよいが、そうとは限りません。

それに各国政府は、アメリカも日本も、マクロ経済政策について金融政策に頼り、財政政策での動きをとるのを嫌がってきました。しかし、それではだめなので、例えば、高金利だけでインフレを抑えることは、すなわち政府の財政赤字をそのままにしておいて高金利政策をとることは、多くの場合、効果がないのです。しかし、各国の財政政策はその政府の国民の間の人気にかかわるから簡単に動かせません。例えば、福祉関係費を削減すれば財政赤字は減るでしょうが、それは抜群の人気を誇ったレーガン大統領でさえできなかったのです。

簡単に言えば、一九八〇年代後半の協調は決して成功と言えないものでした。しかもなお、G7はその難しい課題に取り組んできたし、失敗とも言えません。基本的には利益を同じくする国々の協調を通じてマクロ経済政策を調整する以外によい世界は作れないことの認識が深まり、最小限ではありますが、協調が行われてきました。われわれはやたらに悲観的になるのではなく、協調を保つことこそが基本的に重要な課題だということを確認すべきです。

それとともに、各国の政治経済体制が健全であることが、そうした協調の条件であることを認識すべきです。実際、一九八〇年代後半の協調の不成功は国内の調整がほとんどなかったからだと考えられます。それは国際関係についての常識ですが、基本的で重要なことだと言えるでしょう。

無力感、無責任、憤りの危険性

一方では、国家の運命は他国のそれと離れ難く結びついていて、一国だけで決めうることには限界があります。しかし他方、国際社会では各国の政府のような強い権限を持ったものを作ることはできません。世界大で解決した方がよい問題は存在するが、そのための機関は存在しないし、近い将来に作られそうにはありません。そうであれば、国際社会の運営は一方では相互依存という状況に基づいて、どの国も勝手なことをすれば損をするような関係を作りつつ、協調によること以外にはありません。国際政治学者ウォルファーズは次のように述べています。[*4]

「理想的な安全保障政策とは、価値がすべての国家に満足すべきように配分されており、ある国が他国を攻撃しようという意図が最小になるようなものであることが銘記されるべきである」

つまり、均衡と抑制に加えて、協調ということですが、それとともに各国がその仕事をきちんとし、他国に迷惑をかける存在とならないようにする必要があります。というのは、国際機構が決して強力なものになりえない以上、各国家が果たすべき機能は大きくなるからです。実際、それが現実に行われてきたことでしたし、理論化もされています。カントの「永遠平和のために」は国際機構を提唱したものとされていますが、彼はそのことを平和条約の確定条項の二で述べているのであり、その一では各国の政治体制が「共和的」であることを強調しているのです。ここでわれわれは「共和的」という言葉について、カントは特定の政治形態を挙げたけれども、それは彼が国際平和に適合的であると考えたからそうしたことを銘記すべきです。

考えてみると、国内政治でも、すべてを中央政府に委ねるのはよくないのですから、国際社会の営みがいくつかのレベルに分かれ、中央の機能は小さいものになるのが当然です。第４章で述べた「補完性」(subsidiarity) の原則、各国家が決めた方が効率的なものはヨーロッパ連合ではなく、各国に委ねるという原則も同じ趣旨だということができます。

しかし、第二次世界大戦後の相互依存の増大は、右に述べた分業と責任とを危うくするところがあります。それが最大の問題と言っても過言ではありません。相互依存の飛躍的増大の結果、各国はその経済政策について述べたように、国際環境を制御する力が格段に低下しました。それと同時に、われわれが為替レートの変動によって味わったように、その制御のほとんど及ばぬ国際環境によって動かされるところが大きく増加したのです。その結果、各国家は無力感を強めるが、国際機構も同じ無力を感ずることになります。国家の中に住む各個人はなおさらです。そうしたとき、無力感、無責任、憤りといったものが生まれるのは避け難いことでしょう。無責任は混沌に直面した投げやりであり、憤りは過剰反応で、自然な反応ではあるが、やはり問題であると言わなくてはなりません。あるいは状況をさらに悪化させる危険すらあります。

現在の先進工業諸国の政治の不吉な様相は棄権および政治的無関心であり、単一争点政治運動[*5]ですが、それぞれ前述の反応の代表です。その棄権について、アメリカの外交史家ラフィーバー[*6]が、アメリカが「帝国」になってから「アメリカでは選挙での棄権が増えるようになった」と述べていますが、深刻な真理に触れていると、私は思います。自分から遠く、制御のほとんど及ばない領域の問題が政治上重要になればなるほど関心は低下するのです。そして他方では、単一争点政治運動が強力な風潮となりました。それは参加感を与えはするが、均衡を失したものが多く、多くの場合不寛容です。

個人、社会、政治の役割

現在の知的雰囲気は混迷と不寛容によって特徴づけられるし、そこに大きな危険があると私は思います。二、三の社会現象を取り上げてみましょう。まず、私にはアメリカでの嫌煙権が気になります。というのは、私には、どう考えても、喫煙が人間の寿命に大きく関係するとは思えませんし、まして、幸せな人生となるとさらに関連は少ないと思います。ところが、アメリカ議会の公聴会で子供まで引っ張り出しました。私はヒットラー・ユーゲントや中国の紅衛兵を思い出して、ぞっとしたものです。表面的なことにすぎないと言う人があるかも知れませんが、こういうことは案外大切なのです。

もっとも、私は喫煙が健康に害がないとは言いません。しかし、健康に有害なものなら酒に始まって、塩、砂糖、油といくらでもあります。それなのに、喫煙を大きく問題にするのは、少なくとも均衡を失していると、私は思うのです。また、私はたばこを吸いたい人は、いつでも吸ってよいとは思いません。狭苦しい所では吸うべきではありませんし、たばこ嫌いの人の前で吸うべきでもありません。しかし、それは「たばこを吸ってもよいでしょうか」、「ごめんなさい。私はたばこの煙が嫌いなもので」という会話で、すなわちエチケットで済むことなのです。実際、喫煙はそうした社会的約束事の対象となってきました。食事の席では吸わず、食事が終わってから別室で吸うとか、婦人が同席しているときは慎むとかいったことです。そうしたマナーが崩れたのが悪いのですが、逆に、アメリカに見られるように、地方自治体の条例で決めるというのは問題があります。個人に任せること、社会が習慣によって自然な形で規制すること、そして政治が決めることといった区別が大切なのであり、何でも政治に持ち込んで規則を作ろうとするのは社会も政治もおかしくしてしまいます。

別の例ですが、静けさを保とうという運動にも同様のことが見られます。最近イギリスでは騒音がかなりの問題になっています。それも単純な苦情だけでなく、騒音は健康に悪いということで、その犠牲者を悼む集会が開かれ、立法措置を要求するところまでになっています。確かに騒音は身体に悪いでしょう。そして、オーディオ機器とか、動力つき芝刈り機とか居住地域で音を出すものが増えてきたこともあるでしょう。しかし、立法措置を求めるとなると問題だ、と私は思います。

というのは、法律とまではいかないが、すでに環境衛生官がいて、二十四時間オフィスを開いて、騒音の苦情を受け付けているのですが、その活動に関する統計は示唆的です。苦情の約半分が根拠のないものであり、さらに驚くべきことに苦情を訴えた人の八〇%が、直接騒がしい隣人に対して、音を下げて欲しいと頼んだことがない、というのです。このことは、それだけ、近所のつながりやつき合いが減っていて、社会が自らの手でその問題を解決する能力を失ってきていることを示しているものと考えられます。逆に言えば、そうした能力のある町では騒音について、お互いに話し合って解決しているので、環境衛生官のところに苦情が行かないように思われます。

　だから、環境衛生官という制度にも問題があるのです。それはよい制度のように見えるが、そうした公的な制度があると、自分たちで問題を解決するという面倒を避けて安易に環境衛生官のところに持ち込むようにさせるのであり、それが自助の風習を弱めて、問題を大きくするところがあります。その結果、社会はさらにぎすぎすし――半数の苦情が根拠のないものだったというのはそのことを示唆しています――それが公的機関による介入を一層必要ならしめるという悪循環が起こるのではないでしょうか。現在の国家は教育から健康まで、そして「ゆりかごから墓場まで」面倒を見るところがありますが、社会の問題は社会に、家庭の問題は家庭に返した方がよい、と私は思います。

疑似科学と憤りの結合の危険性

　第二の問題点は単純な科学信仰に基づく不寛容さです。大体、人間の寿命や健康のように多様な要因で決まるものについて、単一の要因の及ぼす影響を正確に測定することは不可能だ、と私は思います。答えを出せると思うのは、専門家と統計をむやみに信じるためです。近代国家、なかでもアメリカは専門化が進んでいますが、専門家というものは、自分が専門的に研究して得た結果を重んずるもので、それはそれで当然です。しかし、その反面としてバランス感覚が失われます。研究の結果が全体の中でどのくらい大切なのかの

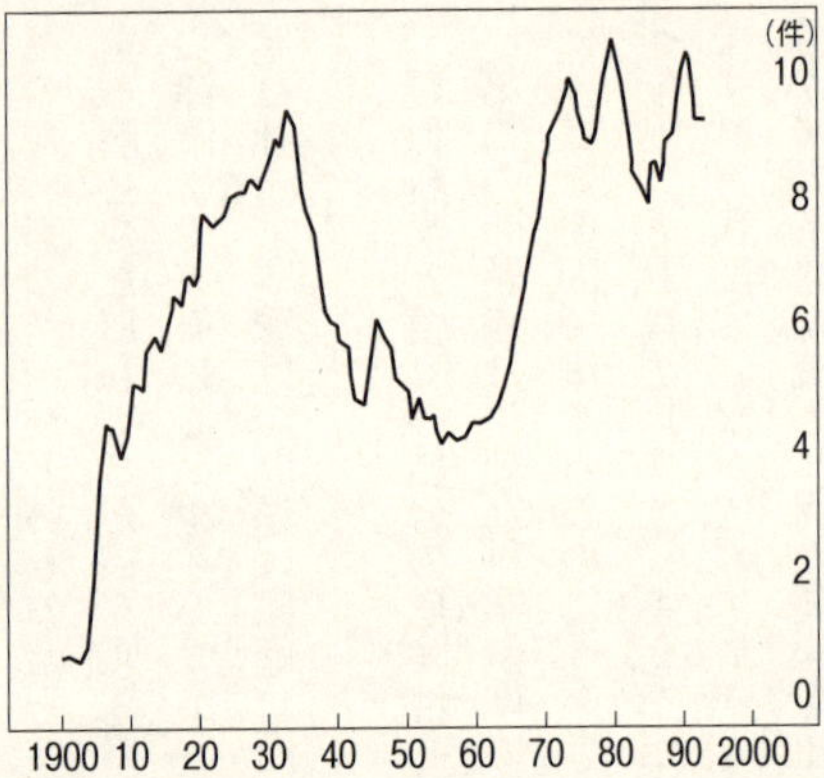

出典：米司法省
Economist, October 15, 1994.

図7-1 アメリカにおける10万人当たりの殺人件数

判断がおかしくなります。

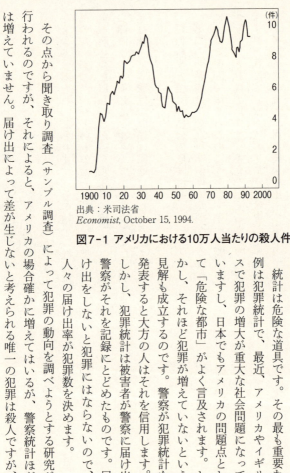

統計は危険な道具です。その最も重要な例は犯罪統計で、最近、アメリカやイギリスで犯罪の増大が重大な社会問題になっていますし、日本でもアメリカの問題点として「危険な都市」がよく言及されます。しかし、それほど犯罪が増えていないという見解も成立するのです。警察が犯罪統計を発表すると大方の人はそれを信用します。しかし、犯罪統計は被害者が警察に届け出、警察がそれを記録にとどめたものです。届け出をしないと犯罪にはならないので、人々の届け出率が犯罪数を決めます。

その点から聞き取り調査（サンプル調査）によって犯罪の動向を調べようとする研究が行われるのですが、それによると、アメリカの場合確かに増えてはいるが、警察統計ほどは増えていません。届け出によって差が生じないと考えられる唯一の犯罪は殺人ですが、アメリカの場合、一九六〇年代初めと比べれば確かに増えているものの、一九三〇年代とそれほど変わらないのです（図7―1）。

こうして、統計で社会現象をとらえるのには注意深さが必要なのですし、統計数字をむやみに信じることは有害でさえあります。というのは犯罪の場合でも、注意はいくらしてもしすぎることはないというものではなく、多くの人々が「人を見たら泥棒と思え」という気持になるとき、社会はぎすぎすし、緊張に満ちたものになります。現代人には、明確な数字によって明らかな悪を見つけ、それと戦いたいという気持が存在するように思われます。疑似科学と憤りの結合であり、その結果不寛容が生じます。どこでも混沌が支配しているという状況への自然の反応ではありますが、現在の知的雰囲気の大きな危険です。

専門化の迷路

経済的相互依存に関する議論にも同様の欠陥が感じられます。アメリカの学者がしきりに問題にする非関税障壁や、競争の「公平な場」について私はそう思うのです。かつては関税が「公平さ」を妨げる重要なものでした。だから、それをお互いに下げ、貿易を増やすことが目標になったし、それに向けて努力したので、世界貿易は伸びました。しかし、その成功のおかげで、経済政策から社会組織に至るまで、ほとんどすべての国内的現象が、他国から見て問題にすれば問題にできるようになりました。ある種の数値を用い、モデルを使って計算すると、かなりの差が生ずると証明されたりするのですが、そうした研究は大体前提が怪しいものが多いのです。そのような国と国との差は微妙なものであり、また交渉によってなんとかできるものではないのです。また、しょせん大問題でもありません。

というのは、すべての条件を等しくするといったことは不可能でもあり、望ましくもないことだからです。例を挙げるなら、教育制度は確かに、その国の経済の出来不出来に影響を与えます。しかしそれなら、良い方に合わすべきなのか、悪い方に合わすべきなのか、それに何よりも、教育の良し悪しは見方の問題ですし、また程度に無限の差があります。見方の問題の例としては、充実するのは初等教育が良いのか、それとも高等教育が良いのか、答えは見方によって異なります。その上、各国によって差があります。だとすれば、教育の質を同じようにすることによって、競争条件を同一にするといったことは、そもそも、できる話ではないのです。しかし、教育の専門家は教育の質を問題にするでしょうし、社会組織の専門家は社会組織の重要性を強調するでしょう。

しかし、彼らは部分しか見ていません。全体としての重要性が見失われているか、あるいは国際的な合意によって何が決められ、何が決められないかが忘れられています。診断が正しくても、なんとも成しえないことは成しえないのです。それは、ある病気の前兆を診断できても、対策がない場合と似ています。こうした専門化の迷路に迷いこむのは一時代が終わるときの特徴なのかも知れません。第二次世界大戦後は関税の相互引き下げが、国際貿易を伸ばし、諸国家の経済を成長させるのに大層有効な方法でした。しかし、その結果、貿易が伸び、国際経済が盛んになると、関税の引き下げはもはや有効ではなくなりました。しかし、人々は小さなことに目を向け、それにとらわれるものなのです。

文明の転換期

その結果、非難合戦が起こるなら、これほど愚かなことはありません。やはり、国際経済の運営については通貨の安定といった基本的なことに目を向けて協調すべきですし、各国に任せるべきことは、多少の摩擦があっても各国に委ねた後、調和を図るべきです。そして、後者についても、基本的な仕事は変わらないものなのです。すなわち、各国は成長を欲すれば財政赤字を減らし、インフレを抑え、貯蓄を増やすことが必要なので、その点をきちんとすれば、紆余曲折はあるもののうまくいくものなのです。

もっとも、基本に忠実であるということは理論的には難しくなくても、実行は決して容易ではありません。わき道にそれたり、落とし穴にはまる危険が常に待ちかまえています。特に一つの文明の段階が発達して、次の段階に進まなくてはならないときにはそうです。

というのは、何かをしなくてはならないが、何をすべきかは分かっていません。基本的に重要な転換が必要なのだが、それは難しい。完全には分からないからです。われわれはそうした時代の危険を認識し、注意しなくてはなりません。そのためには、われわれが大きな転換期にあることを認識し、その性質を理解することが必要です。

＊1 一九八一年に大統領になったレーガンのとった経済政策。減税、規制緩和、金融政策の安定化、軍事費を除く連邦予算の削減の組み合わせにより、民間活力を引き出し、インフレと経済の摩擦という、当時の課題の克服をねらった。それには成功した面が少なくはないが、税率の引き下げが税増収を生むというラッファー理論通りにはゆかず、財政赤字は巨額なものにふくれ上がり、アメリカは債務国へと転落した。

＊2 スーザン・ストレンジ Susan Strenge（一九二三〜九八）。国際通貨としてのポンドの没落過程についての優れた研究『国際通貨没落過程の政治学』本山美彦他訳、三嶺書房、一九八九年、がある。

＊3 一九八六年五月の東京サミットで、経済問題について主要国間の政策協調を推進するために作られ、現在まで続いている先進七か国蔵相会議。参加メンバーは日本、アメリカ、ドイツ、イギリス、フランス、イタリア、カナダの蔵相と中央銀行総裁。

＊4 Arnold Walfers, *Discord and Collaboration*, The Johns Hopkins Press, 1962.

＊5 十九世紀以降、政治活動は総合的な綱領を持つ政党支持を通じて行われるのが普通であ

ったが、二十世紀の最後の四半世紀に入ってから、環境保護とか人工中絶反対といった単一の争点のために、政治運動が組織されるようになり、重要となってきた。

＊6　ウォルター・ラフィーバー　Walter Lafeber（一九三三〜二〇一一）。アメリカの代表的な外交史家。代表的著作は、『アメリカの時代』久保文明他訳、芦書房、一九九二年。引用はシンポジウムでの発言。

第8章　アメリカ衰亡論について

にぎやかな議論

アメリカの現状について憂慮し、アメリカは衰退期に入った、という議論がこの十年間よく聞かれます。もっとも、私は衰退という結論の部分にだけ注目するのは正しくない、と思っています。というのは、まず第一に、アメリカ衰亡論はアメリカ人自身によるものが多く、彼らの意図するところは診断よりも警告だと思われることです。それに、アメリカの中には正反対の議論も存在します。何事につけても、にぎやかに議論するのがアメリカ的というもので、その一方の議論だけを取り上げるのは正しくありません。

第二に、アメリカは文明の明るい面と暗い面が、共に極端な形で存在する国であり、全体としての判断がひどく難しい存在であることを忘れてはなりません。都会のゲットーや犯罪率の高さは間違いなしに悲観的な材料ですし、初等・中等教育の質の低さは、今後のアメリカ経済の見通しを暗くさせるものです。しかし他方では経済にはまだ活力があり、特にハイテク産業などにおいて、最も独創的で先進的な分野はアメリカがリードしています。また、大学教育はすばらしいし、世界中から多くの人々がさまざまな形で集まってきていることも、一方では社会秩序の維持を難しくさせますが、他方では新しい活力が絶えず注入されているということでもあります。

実際過去にも、アメリカはだめになりつつある、といったことが何回も言われました。その一つの例が一九二〇年代で、アメリカ人は消費文明に酔い痴れていて、内部は分裂しているということが、多くの日本人によって述べられました。だから、アメリカは長期戦は戦えないだろうという議論も出たのですが、興味深いことに、相当数のアメリカの戦争計画者たちもそう思っていたのでした。そうした予測が大きな間違いであったことをわれわれは知っています。

アメリカ衰亡論が多くの人々の関心事になるのは、恐らく、アメリカが現代文明を代表する存在であり、それゆえ、アメリカが直面する問題が、程度の差こそあれ、あるいは形は違っても、基本的にわれわれの問題でもあるからではないでしょうか。言い換えれば、アメリカが輝きを失っているとすれば、それは他人事ではないのです。だが、この問題は大きすぎるものなので、それはひとまず取り上げないことにします。話題をアメリカに戻すことにしましょう。アメリカが衰亡しているか否かについて先見を持たずに、変化しつつあるものを認識し、その意味について考えてみたい、と思うのです。その際、私のよく知っている政治を中心に視点を絞ることにします。

対外政策の関心の移行

このところの選挙は、あまり前例のないことが起こっており、アメリカの政治が変化期あるいは動揺期にあることを示唆しています。一九九二年の大統領選挙では、三人の候補〔ビル・クリントン、ジョージ・H・W・ブッシュ、ロス・ペロー〕が争いましたが、それは二十世紀の初め以来のことですし、共和党の現職大統領ブッシュが再選されなかったのは、一九三二年にフーバー大統領が再選されなかったとき以来のことです。そのときには、アメリカはニューヨークの株式市場の大暴落に続く深刻な不況にあり、フーバー大統領の政策に疑念が持たれるようになっていました。今回そのようなことはありませんでした。いっそう異例のことであったと言わなくてはなりません。しかもその二年後には共和党が四十年ぶりに上下両院で多数を制したのであり、アメリカの政治が民主党の方向に行っているとも、共和党の方向に行っているとも言えない状況にあります。二つの選挙の内容を分析しましょう。

まず、ブッシュ大統領はなぜ敗れたのでしょうか。それは一年前には考えられないことでした。われわれが皆、記憶しているように、ブッシュ大統領は冷戦を終結させた後、にわかに出現したイラクの侵略主義を抑え込み、「世界新秩序」というスローガンを掲げたのでした。そして湾岸戦争が終わった一九九一年春、ブッシュ大統領の支持率は驚異的な高さになり、民主党の大統領候補の多くは出馬をあきらめたほどでした。しかし、それは見る見るうちに消え去り、ブッシュ大統領は敗れたのです。「世界新秩序」は票にはならなかったのです。アメリカ国民の目は、内を向くようになっていたのでした。

その国内の状態、特に経済状態に対する多くの人々の不満によって、ブッシュ大統領は敗れたと言えるでしょう。もっとも、アメリカの当時の失業率は歴史的に見てそう高くはなかったし、景気も回復しつつありました。これまでのデータから言えば、現職の大統領が負けるような状況ではなかったのです。ここで多くのアメリカ人、特に若い世代が自分たちの将来について不安と不満を持つようになっていたことが重要です。レーガン大統領とブッシュ大統領の十二年間の統治は、経済的自由主義に立って、規制緩和などを思い切って進めたし、それがアメリカ経済に新しい力を与えた面もあります。しかし、同時にアメリカ国内で貧富の差が広がり、それも黒人などの「下層の人々」と白人など「上層の人々」の間の差だけではなく、世代的にも若い人々と中高年の差が――後者に有利な形で

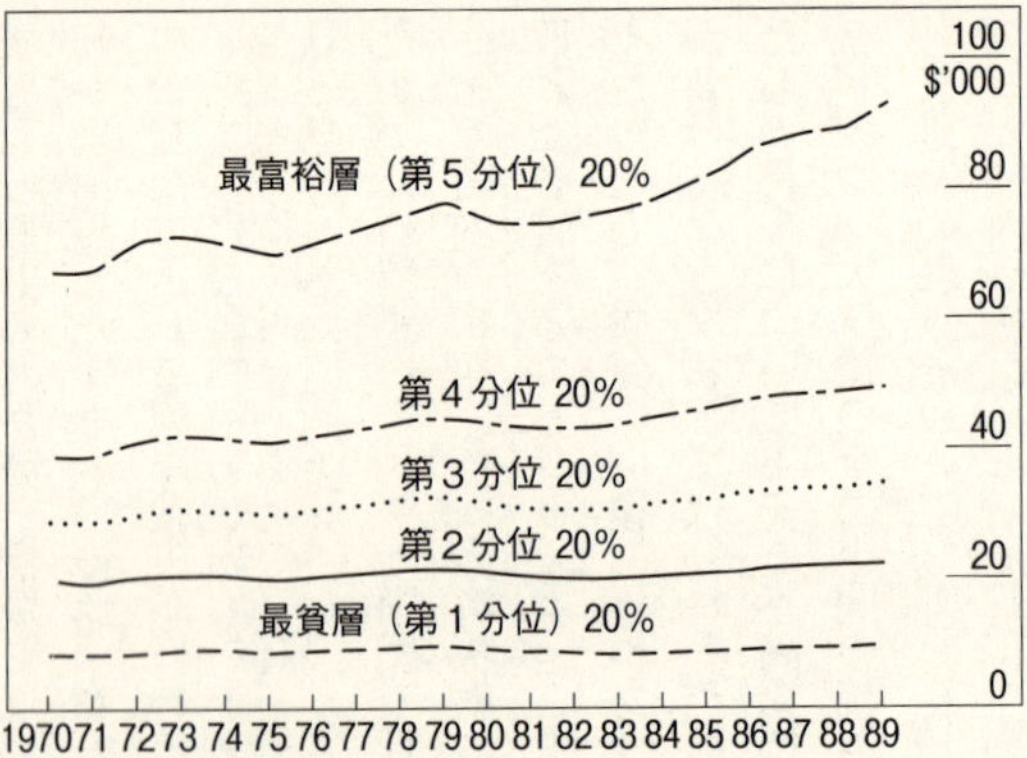

出典：米国勢調査局
Economist, October 26, 1993.

図8-1　収入階層別の家族の年収の変遷（1989年ドル価値）

――拡大しました（図8―1）。

それによって若者の間で、自分たちの生活は親のときよりよくなるどころか、そこまで行かないのではないかと不満を持ち始めたのです。経済が時とともに発展し、人々の生活はよくなるというのが「アメリカン・ドリーム」の重要な構成要因でしたから、それが破れそうになったことへの反発も強かったのです。何とかしなくてはならない。こうして政府としてもレーガン・ブッシュ政権のときのように経済の自然の歩みに任せるのではだめだという気持がクリントンを勝たせた一因であったと思われます。

クリントンの失敗と不満票

しかし、この前の大統領選挙にはもう一つの側面があります。それはクリントンもアメリカの過半数の支持を得たわけではなくて、ペローもまた相当の票をとったということです。[*1] それがブッシュ大統領により多くのマイナスになったのか、クリントン候補により多くのマイナスになったのかは、正確には分かりません。が、いくつかのデータから見て、ブッシュより得をしたようです。そのペロー現象ですが、ペロー候補がワシントンの連邦政府の非効率と無駄遣いを攻撃して、それがかなりの数の国民に受けたものと言うことができます。つまり、現状に不満であった人々には二つの種類がありました。すなわち、政府のリーダーシップに期待する人々と大きな政府への反感を持つ人々の両方がいたのです。

全体として見れば、不満票のほうが多いのですが、それは相容れない二つのものから構成されているので、それをまとめて政権の基礎とすることはきわめて困難です。これまでの民主党のように、「多く課税し、多く使う」ことは不可能なのであり、クリントン候補は政府の役割を強調すると同時に、これまでの民主党と違って、公共の名において、どんどんカネを使うことはしないという立場をとり、それによってアメリカ国民に多少の安心感を与えたのです。

こうした不満票の存在は、それから二年後の中間選挙において、再び示されました。連邦議会の選挙で、共和党は四十年ぶりに上下両院で多数をとったのです。そうなったのは三つの理由によると考えられます。

第一はアメリカ国民の不満とは直接関係のないもので、南部における変化です。実に百三十年前の南北戦争以来、南部では民主党が勝ち続けてきました。それは南北戦争で南部を負かした北部は当時共和党が強かったので、共和党はその憎い北部のシンボルであり、その党に投票するといったことは考えられないことでした。明治維新で「賊軍」となった地方が何十年間か「藩閥政府」に対して持ち続けた反感とやや似ています。実際、南部の民主党は保守的な考え方の人たちが強く、われわれが民主党ということで考えるものとは随分違っていたのですが、南部は民主党議員を選んできました。それは百三十年前のことです。時とともにそうした反感が薄らぎ、一九七〇年代から共和党は南部に食い込めるようになりました。こうして今回の中間選挙では、南部の知事、上院議員、下院議員のすべてについて、共和党が多数を占めるようになったのであり、それは南北戦争後初めてのことなのです。まったく、政治は理論ですっきり説明し切れないものです。

第二が先に述べた不満票で、ある調査によると、二年前の大統領選挙でペローに入れた人のうち六割強が今回の中間選挙で共和党の候補に投票したのであり、多くの選挙区でそれが勝敗を決したのでした。その不満がクリントン政権への不満という性格を強く持っていたことは確かです。クリントン大統領は外交政策の分野で右顧左眄《うこさべん》し、なんとも頼りなげな大統領だと思わせた上に、国内政策の上で、圧力集団を押さえられず、結局これまでの民主党と変わらず、税金をとってそれを使うのではないかという幻滅感を与えてしまいました。医療制度の改革で彼が示した態度が決定的であったようです。

医療改革の失敗と中央集権への反感

大統領も議員も高騰する医療費を抑制する必要があることでは一致していました。実際、アメリカの医療費は桁外れに高く、GDP〔国内総生産〕の一四％にもなります。それは日本の約二倍であるし、二位のフランスでも一〇％には達していないのです。生命がいかに重要であろうが、アメリカが医療費を使いすぎていることは否定できません。

ただ、どうすればよいかとなると、まるで意見はまとまりませんでした。アメリカの医療制度は税制上の優遇措置を受けて行われる私的医療保険を根幹とし、それに貧困者のためのメディケイドと高齢者のためのメディケアが補完的役割を果たすというものです。もっとも補完と言ってもかなり高額です。その際、私的医療保険に入るのを拒否した、それほど貧しくもなく、老齢者でもない人は一切保険による保障はありません。そこで、クリントン大統領は医療費の抑制とともに、保険でカバーされていない人をなくすことを主張したのですが、後段は反発を買いました。公平という見地から言えば、クリントンの主張には根拠があったのですが、しかし、彼が医療費の抑制にもう一つの目的を付け加えたのは、二兎を追ったことになります。特に国民皆保険化は当面出費を増やすものであっただけに、そうです。

そのように目的がぼけたこともあって、医療費の抑制もうまくいきませんでした。医療費の高騰を抑えることを目的とするなら、私的医療保険への支払いに対する税制上の優遇措置を抑制することが最も有効だったでしょう。しかし、それは不可能だったし、保険でカバーできる医療サービスを抑制することにも反対がありました。それにも理由があって、生命が人間にとって測り難い重要性を持つものである以上、いくらカネをかけても医療を受けたいという気持は否定できません。

そこに人間の利己心と特殊利益集団も作用しています。自らの意思でそうしたいのなら、医療保険への支払いに対する税制上の優遇措置はやめて、完全に自分のカネでやるべきでしょう。しかし、政府の助成もしくは税制上の優遇措置によって、ほかにも多くの事業活動が行われている以上、人々はそれらを求めます。医師も金銭的考慮にしばられずに人命を守りたいと本心から思うでしょう。

こうして、医療団体や保険会社など各特殊利益集団がそれぞれに活躍し、その結果、初めから問題の多かったクリントンの医療制度の改革はさらにおかしなものとなり、見送られたのでした。当然ながら、アメリカ国民は特殊利益集団とそれに支援される議員たちに反発を感じたのであり、それが反民主党の投票行動となったのでした。

第三に、逆に、共和党はこうした人心の推移をよくとらえていました。共和党の下院議員のリーダー、ギングリッチが中心となって作った「アメリカとの契約」はアメリカの選挙民に強く訴えたように思われます。それは増大する犯罪に対する処罰の強化のように、歴史上うまくいったことのない乱暴な提案も含んでいますが、しかし、アメリカの問題点への鋭い認識も含んでいます。そして、社会保障を切り詰めても財政赤字を削減すべきだという主張は、多くのアメリカ人の心を捉えたように思われます。それというのも、アメリカでは強力な中央集権への反感と警戒心は伝統的に強いものでした。

アメリカの中央集権的傾向の歴史

第1章でお話しした文明の傾向を思い出してください。一八七一年に始まる百年間は、すべての近代国家で中央政府の仕事と権限が増えた時代でした。そして元来は中央集権の傾向に反する制度を持っていたアメリカでもやはりそうだったのです。実際、アメリカ連邦政府はそれ以前GDPの二%ぐらいしか使っていませんでした。そのうち一%は軍事費で、あと一%で連邦政府は仕事をしていたのです。それがいかに増えたかは、第1章の表1―4(二七ページ)からもうかがわれます。

それは大恐慌と第二次世界大戦と冷戦がもたらしたものでした。大恐慌はアメリカがその方向に動き始めるきっかけとなりました。細かく言えば、第一次世界大戦への参戦がその方向への最初の試みであったと言えるのですが、戦後「正常に復帰」して元来の姿が一時復活したのでした。それはともかく、大不況に際して連邦政府はなんとか策を講じなくてはなりませんでした。しかし、それは制度を変えたわけではなく、憲法の解釈、それもかなりこじつけの解釈とプラグマティズムから行われたのです。例えば、アメリカ各州にまたがる制度の樹立は、州際通商条項を使って行われたのですが、少なくとも憲法の起草者たちには考えられない使い方だったでしょう。

第二次世界大戦と冷戦はより明確に連邦政府と大統領の権限を強化しました。というのは、アメリカ国憲法は初めから安全保障上の権限は大統領に与え、外交についても厳しい制限つきながら大統領に権限を与えていたからです。国家の安全を守るという大義名分の下、主として、国防総省を通じて、技術革新と産業発展のための連邦政府の支援が行われました。そうした雰囲気の中で、福祉政策も行われるようになり、社会的公平のための措置がとられたのですが、そのようなことは憲法には書いてありません。

通商政策も同じことで、それは元来連邦議会が行うことで、大統領の権限ではありませんでした。ただ、大恐慌から立ち直るために、世界に市場を開拓する必要から、貿易上の問題に関する交渉の権限を、議会が大統領に与えたのでした。その後第二次世界大戦を経て、冷戦上の必要もあって、自由貿易体制を作り、維持するために大統領への授権が続いてきたのです。

弱まる大統領の指導力と安定性の欠如

このような政治的伝統を持つアメリカで、最近、連邦政府に対する不信感と反発が生じてきていることは十分理由のあることですし、世界的に政府の職能が増大しすぎており、それが問題をもたらしているという視点に立てば――私も基本的にそう考えています――そこには建設的な側面もあるということになります。しかし、憂慮せざるをえないこともあります。

第一に、アメリカは世界でずば抜けた力を持つ国として、世界に利害関係を広げました。簡単に言えば、アメリカは「帝国」になったのです。それは必然的に強力なリーダーシップを必要とします。それも、軍事力の使用についてのみならず、今では通商政策が重要になってきました。しかし、通商を規制する権限は憲法の明文によって議会に与えられているのです。それだけでなく、アメリカ議会はそれに基づいて利益政治を行ってきたし、それゆえ強力な国内勢力と利益集団が存在します。それはこの数十年の間に力を増しさえしました。世界大戦と冷戦の過程は大統領の権限が実質的に増大する過程でしたが、利益集団はそれに便乗し、大統領も利益集団を利用して、その基盤を強めたからです。それはまた、大統領が世界のリーダーとしての立場を代表し、議会が国内の諸利益を代表するということでもありました。だから、今後は前者が弱まるだろうし、その結果、アメリカは世界のリーダーとしてふさわしい政策をとるとは限らないようになる恐れがあります。それは日本として考慮に入れておくべきことです。

もっとも、われわれはそうしたことには巧みに対応しなくてはならないし、それは不可能ではありません。逆説的に聞こえるかも知れませんが、特殊利益集団によって影響されてとられる通商政策というものは一見強そうであっても、その性質上、アメリカ国民の多くの支持を得たとは言えないものであり、したがって、真実の迫力に乏しいところがあるからです。

より重要であるのはアメリカの全体としての動きです。具体的に言えば、共和党が多数をとり、それが綱領として財政赤字の削減を強調していても、それは実現せず、二つの好ましくない帰結が残るように思われます。第一は減税は行われるということで、これは政治力学から理解できます。しかし、人間は歴史の針を元に巻き戻すわけにはいきません。すなわち、昔のような「自助」の原則の支配する国には戻れないのです。政治家が票を集めるというけちな見地からそうであるだけでなく、社会正義の問題として、いったん面倒を見始めたものを止めるということは、よほどのことがなくてはできません。

したがって、政府支出の削減は決して簡単ではありませんし、その結果、アメリカの財政赤字は今後の世界にとって不安定要因であり続けるでしょう。しかも貧富の差は拡大し、社会保障は切り詰められるので、アメリカの社会の一部の混乱は続くでしょう。ただ、税金は安くなるので、アメリカ経済は活性化することは多分確実です。このところ、アメリカの衰亡とそれに対して再活性化という反論がなされてきましたが、私の見るところ、アメリカの最もありうる可能性は、再活性化し、強さは保つが、国内に問題を抱え、それもあって安定性に欠けるというのがアメリカの将来ではないかと思われます。

その際、アメリカの連邦政府を中心に議論を進めるのは、正しいアプローチではないと私は思います。近い将来を考える限り、アメリカが問題を解決するようには思われません。というのは、われわれが内政問題とみなしているもののほとんどは、アメリカの場合、憲法によって、州の権限とされているからです。さらに言えば、アメリカ国憲法は連邦が行うことは具体的に明記してあり、それ以外のものは州の権限としてありますから、抜け道もありません。具体的に今日のアメリカの最大の問題である三つのことを考えてみましょう。

第一は治安の維持、第二は教育、第三は医療制度ですが、どれ一つとして大統領の権限にはなっていません。刑法は州が作るものだし、警察もそうです。教育も同じで、アメリカに文部省がないのはそのためです。医療制度は、メディケアとメディケイドということで連邦政府が大きな役割を果たしてはいますが、医療に対する連邦政府の権限の法的根拠は疑問があり、したがって根本的な改革は難しいのです。大体、アメリカの医療制度は私的保険が中心であり、その際税制上の優遇措置を与えるという仕組みになっているので、到底効率的とは言えないものになっています。

政府の職能の再定義が必要

こう考えてくると、内政に目を向けるということで選ばれたクリントン大統領は気の毒な立場に置かれていると言わなくてはなりません。教育をよくすることを彼は掲げたし、それは疑いもなくアメリカにとって必要なことですが、補助金を使って、各州に交渉することしか連邦政府にはできないのです。こうして、アメリカの政治的求心力は弱まるでしょうし、そのことから、アメリカの社会はバラバラになるのではないか、という危惧の念がアメリカの衰亡論者によって口にされるのは理由があることなのです。アメリカの歴史家アーサー・シュレジンガー[*2]は衰亡論の代表的な一人ですが、彼は一九九一年に『アメリカの分裂』を書きました。

しかし、異なる見方をとることもできます。政府の増大と中央集権化はすべての近代国家において一八七一年から続いてきており、今から二十年前には曲がり角に達したことが明らかなのです。そのように考えるなら、アメリカにおける中央集権国家の衰弱は歴史を先取りしていると見ることもできます。政府、それも中央政府の役割は重要なものですから、ペローのようにワシントンをけなすだけではなんにもなりません。しかし、社会である問題が生ずるたびに、政治の登場を求めることはもはや解答にはなりません。常識的な言い方をすれば、政府の職能の再定義、すなわち、中央政府が果たさざるをえないものに限って政府が行い、他のものは地方に委ねたり、民間に返すことが必要になっているのです。それが、アメリカにおいて、しばらくの間、相当の混乱を経て行われ、成功する可能性はあります。

共通の課題

現在のアメリカの政治を見ると、特殊利益集団の力が強まり、それが大きくなりすぎた中央政府の権限を利用しようとして争うという嫌な面が目につきます。レーガン政権で働いたことがあるヘンリー・ナウというアメリカの学者は書きました。

「社会が豊かになるにつれて、富を生み出すよりは、その再分配を求める政治的な圧力団体が増殖してくるものである。こうした圧力団体が影響力を行使することによって、国内消費が投資や生産性の向上を上回るスピードで増えていった。その一方で、外交的な指導力を維持するための負担、特に軍事費も増大していった。また、技術革新によってもたらされた恩恵が諸外国にも及んでいった。その結果、アメリカの政治は一九八〇年代に正常な機能を停止してしまい、浪費に走り、海外から資金を借り入れるようになって、八六年には世界最大の債務国に転落してしまったのである」[*3]

この点がアメリカ衰亡論の最も根本的なポイントであるように思われます。衰亡を防げるかどうかは、その文明あるいは国、集団が、集団として決定し、それによって未来を切り開く能力を再興できるか否かにかかっています。私の最も尊敬する学者の一人ダニエル・ベル[*4]は二十年近く前に著した著書の中で、現代文明に見られる危険な兆候に触れ、六百年ほど前のアラブの大歴史思想家イブン・ハルドゥーンの基礎的な考えを紹介しました。それは、社会がその没落を暗示する特別な局面についてで、それはひとまず、文化が質実剛健なものから贅沢なものに移る時期ということになります。しかし、それは多分に主観的なもので、どの時代も年寄りは青年をそう言って抑制したものでした。確かに、禁欲主義は興隆した文明の始まりに共通する特徴ですが、興隆し、豊かになってからもなお、禁欲主義を続けようと思っても無理なことです。

イブン・ハルドゥーンも、ダニエル・ベルもそうしたノスタルジックな価値に、そのましがみつく人ではありませんでした。重要なことは、彼らが贅沢な生活を欲するようになるときに生ずる精神上の変化です。ハルドゥーンは、快楽主義の生活にふけるようになると、人は意志力と忍耐力を失う、としています。より重要なことは、お互いに贅沢な暮らしを競い合うようになり、物資を分け合うとか、他人の犠牲になるといった気風をなくしていきます。その結果、「アサビーア」すなわち「お互いが兄弟同士であるという団結心」さらに言えば「お互いの幸福のために、戦をし、そして死ぬことへの情熱であり、意志である」ものが危うくなるというのです。

もちろん、人間は誰でも自分がかわいい。それを強制的に無視し、集団のためと言ってもうまくいかない。それは二十世紀の全体主義の歴史が示しています。しかし、集団として解決しなくてはならない問題について、たとえ、自分自身には不利でも、それを解決しようという気持がなくなるとき、その国や文明はおかしくなるのです。さらに言えば、集団の利益を常に重んずるというのでは、人間一人一人の創意が生かされないし、尊厳も怪しくなりますが、しかし、集団の利益も大切なのです。だとすれば、何を集団で決めるべきものとし、何を個人の責任として、個人に委ねるかが重要だと言えるでしょう。

過去百年間の人間の営みは、集団的決定に委ねることが多すぎたように思われますし、そうした試みはすべて失敗してきました。しかし、集団的決定が一切不要になったというわけではありませんから、何を社会のレベルで決め、何を個人の決定に委ねるのがよいのかということは今日の重要な問題あるいは最も根本的な問題なのです。

こうして、アメリカの大統領の直面している苦況が先進工業諸国に共通するものであることは間違いありません。それに、時の進行とともに豊かになるという夢が崩れたことも初めにお話ししましたが、これまた先進工業諸国の共通の問題だと言えるでしょう。それに耐えうる政治・経済システムはわれわれの共通の課題なのです。

＊1　一九九二年十一月三日に行われたアメリカ大統領選挙では、ビル・クリントンは投票総

数の四三％（選挙人票三七〇）、現職のブッシュ大統領は三八％（選挙人票一六八）、ロス・ペローは一九％（選挙人票〇）を獲得した。

＊2　アーサー・M・シュレジンガー　Arthr Meier Schlesinger Jr.（一九一七～二〇〇七）。アメリカの代表的歴史学者。ケネディ大統領の時代史で有名。最近、その著『アメリカの分裂』都留重人訳、岩波書店、一九九二年、で示されるように、悲観的な調子が目立つ。

＊3　引用はヘンリー・ナウ著『アメリカ没落の神話』石関一夫訳、TBSブリタニカ、一九九四年、から。

＊4　ダニエル・ベル　Daniel Bell（一九一九～二〇一一）。アメリカの代表的社会学者。「脱工業化社会」の現象を指摘したことで広く知られる。ここでの引用は、代表的著作の一つである『資本主義の文化的矛盾』林雄二郎訳、講談社、一九七六年、から。

第9章　アジア・太平洋圏の台頭

アジアの躍進

過去三十年間のアジア・太平洋圏の経済発展は、きわめて重要な歴史的な事件です。二十世紀の最大の出来事とさえ言えるかも知れません。

一九六〇年は日本が所得倍増政策[*1]を始めた年ですが、そのとき日本は開発途上国ではなかったものの、一人当たりGDP（国内総生産）は三八〇ドルでアメリカの八分の一でした。そして、日本以外の国は南の外れのオーストラリア、ニュージーランド以外はすべて開発途上国でした。韓国の一人当たりGDPは一一〇ドルでスーダンと同じでしたし、中国は六〇ドルと全く貧困な存在でした。

それが今日では、日本は明らかに先進工業諸国の一つになりましたし、シンガポールと香港の人々は日本人とそう変わらない生活を享受するようになりました。マレーシアと韓国は成長中の中進国ですし、中国は全体の平均は高くはないが、一二億という人口と地理的な広がりを考えると、その平均値は元来あまり意味のない数字であり、一部分はすでに中産階級化していると考えられます。この成長は今後十年は続くと思われ、この地域の一〇億人が中産階級化し、そのうち四億人は先進国並みの生活水準を持つだろうと考えられています。国としては、中国が日本を抜き、アメリカの四分の三ぐらいの国富を持つでしょう。なにしろ、中国は日本の十倍の人口があるのですから、それは不思議なことではありません。

アジア経済の比重

もっとも、これらの数字にはかなりの問題があります。未来予測は常にそうなのですが、この場合は出発点の数字に問題があるのです。すなわち、国内総生産を為替レート換算で計算した場合と、購買力平価で計算した場合とで、数字がひどく異なるからです。中国の場合ですと、表9－1が示すようになんと六倍以上も違います。

まず、簡単に説明しておくと、為替レート換算は各国の通貨で計算した国内総生産を、そのときの為替レートでドルに換算して比較するものです。日本の国内総生産だと、一九九四年の場合、一ドル＝一〇〇円ぐらいで換算します。単純で分かりやすいが、この方法

1992	為替レート	1人当たりGDP (購買力平価 単位：ドル)	GDP (購買力平価 単位：10億ドル)
中国	370	2,460	2,870
インド	275	1,255	1,105
ブラジル	2,525	4,940	770
メキシコ	3,700	6,590	590
インドネシア	650	2,770	510
韓国	6,790	8,635	380
タイ	1,780	5,580	320
パキスタン	400	2,075	240
アルゼンチン	6,870	5,930	190
ナイジェリア	275	1,560	190
エジプト	655	3,350	180
フィリピン	820	2,400	155
マレーシア	2,980	7,110	130

Economist, July 15, 1993. 但し、購買力平価による計算にもいくつかの数字がある。

表9-1　開発途上国の為替レートと購買力平価

には問題があります。まず、為替レートは国際金融市場で決まりますが、為替レート、すなわち各国の通貨の交換比率は上下にかなり変動します。それはわれわれが身をもって経験してきたことであり、一〇〇円を一ドルに交換してアメリカで使うと、一〇〇円よりはるかに使いでがあります。それに、土地や多くのサービスが代表例ですが、貿易できないものもかなりあります。日本で散髪すると三〇〇〇円かかりますが、中国では三〇〇〇円を中国元に換算したものよりかなり安くなります。別の例ですが、バブルの際、千代田区の土地代で計算上はアメリカの土地のほとんどを買うことができました。

それゆえ、基本的なものをワンセット

設定し、それを買うのに何ドルかかるか、何円かかるか、何元かかるかを計算し、その比率で換算した方がよいという考え方が購買力平価による換算方式です。しかし、二つの計算方式の結果のあまりの相違に驚かれた人が多いでしょう。私も驚きました。そこでどちらの計算方式が正しいのかをめぐって議論がなされることになりますが、簡単に言って一長一短なのです。さらに、中国のように二つの計算方式の結果に極端な差があるときには、それなりの事情が存在するのであり、ただその事情がよく把握できないということではないか、と私は思っています。

したがって、われわれとしてすべきことは、まず、経済力が簡単に把握できるとは思わず——特に中国はそうだと考え——相当程度とらえ難いものと、限界を認識し、その上で考察することでしょう。それに加えて、二つの計算方式の結果を混同しないことが大切で、例えば日本はアジア経済の六割を占めると言いながら（為替レート換算）、すぐ後で中国の国内総生産は日本のそれにほぼ等しく、やがてアメリカに追い着くだろう（購買力平価換算）などと言ってはなりません。先の予測は大体のところ購買力平価換算によっていますから、アジアの比重はやや多めに出ます。しかし為替レート換算でもアジアの経済は二〇〇〇年にはヨーロッパ連合や北米自由貿易地域に接近すると考えられますので、アジアの比重が大きなものであることは間違いありません。

アメリカの役割

冷戦の激しい抗争や世界各地でのクーデターや革命ほど人々の注目を集めはしませんでしたが、そうした経済活動という静かな日常的な営みの方が世の中を大きく変えたと言えるでしょう。もっとも、それは冷戦とまるで無関係に起こったというわけではありません。アメリカはこの地域の安全保障の枠組みを与えましたし、それに朝鮮戦争とベトナム戦争での出費がアジア諸国の経済に刺激を与えました。他人の不幸を喜んではいけないが、事実は事実です。

アメリカの最大の貢献は、しかしながら、その巨大な市場が大体のところ開放的であったということです。日本の急激な成長は一九五〇年代後半、アメリカが日本をＧＡＴＴに加盟できるようにはからうとともに、多くの日本商品を買ったことによって可能になったのでした。それを、アメリカにとっては不健全な形で大規模に行ったのが一九八〇年代で、レーガノミックスによって増大したアメリカの需要がアジア諸国からの輸入増となり、アジア諸国の急速な経済成長を可能にさせたのでした。アジア諸国の成功の原因は、「輸出主導型」の経済政策をとったことにあるというのが通説ですが、輸出主導型が成功するには大きな輸入先が存在することが必要であるのは、まったく分かりやすいことでしょう。

成長軌道に乗ったアジア

日本の役割にも触れておかなくてはなりません。私の見るところ、日本の貢献は明治以降工業化に努力し、さまざまな試練をくぐり抜けて、工業化に成功したことで、それが他のアジア諸国に工業化の可能性を信じさせたのです。日本的な経済運営や経営のやり方がモデルを作ったという見方は当たっている面もあるが、一概には言えないので、それはやがて議論することにします。具体的に重要なことは、日本が技術を与え、資本を投下したことで、初めは韓国や台湾へ、そして一九八〇年代半ばの円高以降、東南アジア・中国へそうした流れが生じました。

簡単に言えば、まず種々の条件に恵まれていた日本で工業化が始まった。そして一九六〇年半ばから、韓国、台湾、香港、シンガポールの「四つの竜」が成長路線に乗りました。もっとも、この四つの国の人口は合計六〇〇〇万ほどで、かたまりとしては大したことはなかったのですが、それがマレーシア、タイと広がり、やがて中国に及んだのでした（図9―1、表9―2）。

一九七九年に鄧小平が行った経済改革以降、中国の成長は急速になりましたが、鄧小平や中国の指導者たちは、成長するアジア諸国を見て、大勢に後れをとるならば大変なこと

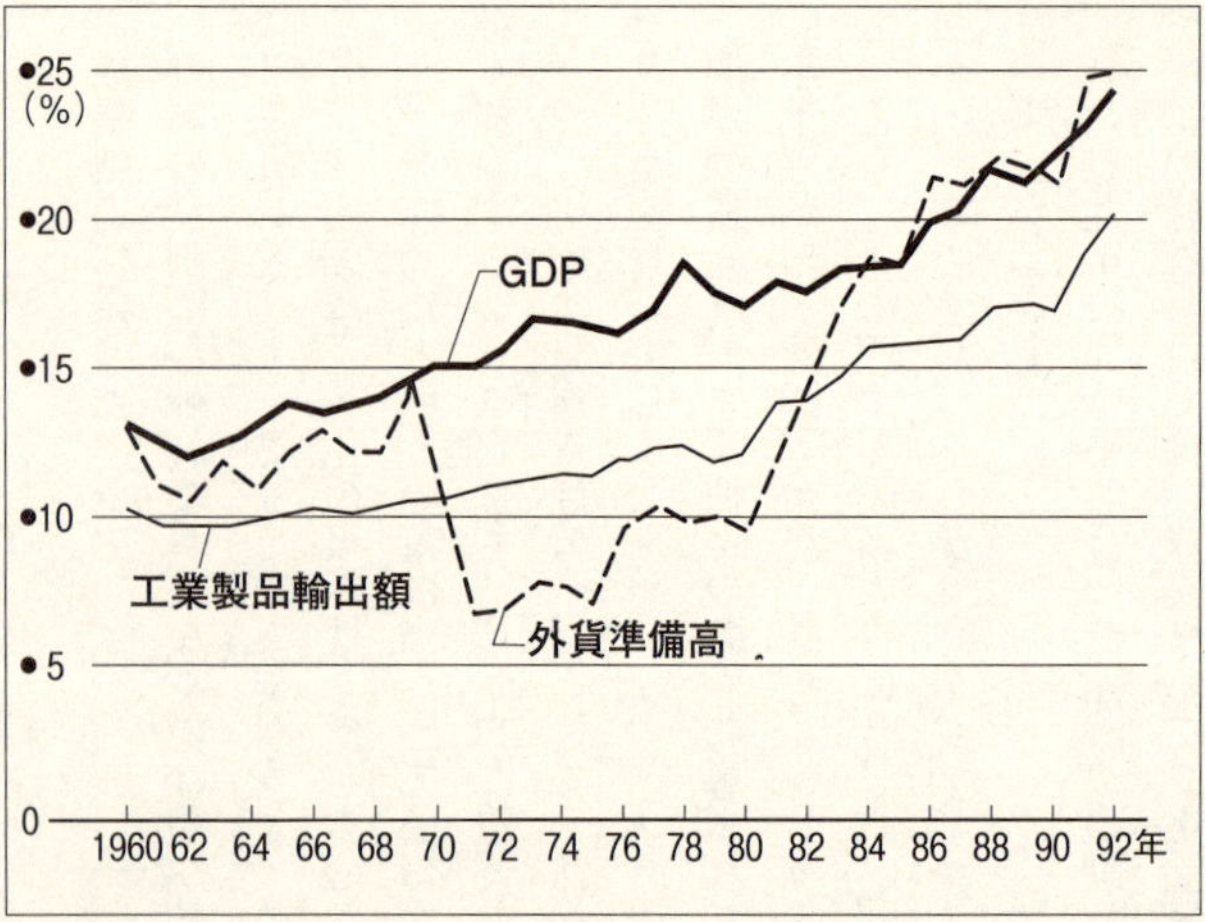

図9-1　躍進するアジア

世界総計に占める割合。イラン以東でオーストラリア、ニュージーランドを除く。

になると思ったのでしょう。火にたとえるなら、産業化という火は日本で始まり、次いで小さいたき火に燃え移り、そして最後は中国という大きな木に及んで全体として盛んに燃え始めたと言うことができます。

そして過去十年、あるいは二十年の間に、アジア諸国の華人・華僑[*2]が果たした役割も大きなものがあります。彼らは資本を供給すると同時にその人的なつながりによって経済循環を起こすのに大きく貢献しました。過去数年間の中国の成長は華人・華僑の資本が中国に大量に進出したこと抜きにはあ

	実質GDP成長（%）			実質GDP 世界でのシェア(%) (90年価格・為替、10億米ドル)		
	70〜80年（実績）	80〜90年（実績）	90〜2001年（予測）	1970年（実績）	1990年（実績）	2001年（予測）
韓国	8.2	9.3	7.0	0.4	1.1	1.6
台湾	9.7	7.7	6.3	0.2	0.7	1.0
香港	9.4	6.6	5.5	0.1	0.3	0.4
シンガポール	9.0	7.1	6.1	0.1	0.2	0.2
アジアNIES	8.9	8.2	6.5	0.8	2.2	3.2
タイ	6.8	7.8	8.0	0.2	0.3	0.6
マレーシア	8.0	5.9	7.0	0.1	0.2	0.3
フィリピン	6.1	1.6	3.1	0.2	0.2	0.2
インドネシア	8.0	5.5	6.8	0.2	0.5	0.7
アセアン4か国	7.2	5.4	6.7	0.6	1.2	1.8
中国	5.6	8.7	8.2	0.7	1.6	2.8
インド	3.2	5.8	4.6	1.0	1.3	1.6
ベトナム	1.4	6.1	7.8	0.1	0.1	0.1
日本	4.5	4.2	3.7	10.0	12.8	14.0
アジア12か国	4.9	5.1	4.8	13.1	19.1	23.6
米国	2.8	2.6	2.3	25.7	24.0	22.8
世界	3.4	2.7	2.8	100.0	100.0	100.0

（注）2001年予測値は90年価格基準（為替・物価）による
さくら総合研究所環太平洋研究センター『新世紀へのアジア発展のシナリオ』（ダイヤモンド社）

表9-2　アジア諸国の経済成長予測

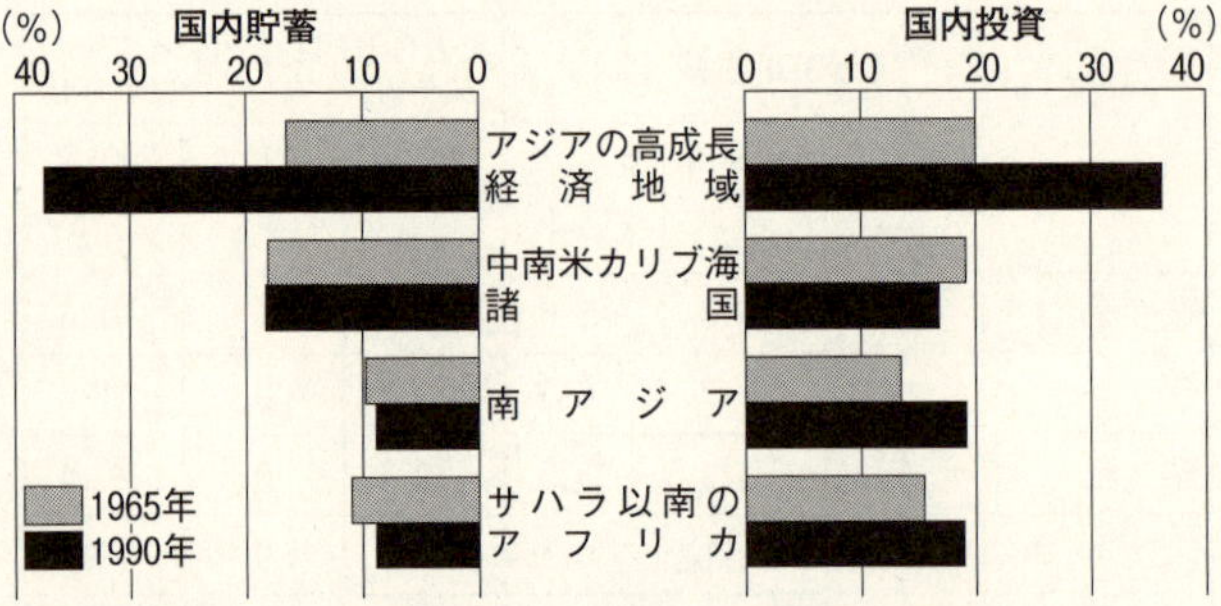

IMF, World Bank. *The East Asian Miracle*. 1993.

図9-2　GDPに占める投資と貯蓄の割合

りえなかったでしょう。香港はそのための重要なセンターになりましたし、台湾も香港を通じて、あるいは自らも中国に進出しました。「中華経済圏」ということが語られるのも不思議ではありません。

中華経済圏はともかくとして、中国を含むアジアのほとんどの国が成長の軌道に乗ったことは間違いありません（図9－2）。それは世界史的意義のある出来事です。第1章で述べたように、過去五百年、西欧が歴史の主導権をとり続けてきたのですが、二十世紀に入って、その挑戦を受けた非西欧の国々の対応が始まりました。日露戦争における日本の勝利は大事件で、植民地帝国の人々を驚かせ、植民地のかなりの人の励ましとなりました。もっとも、日本はその後軍国主義という不幸なわき道にそれ、破局に突入してしまいますが、戦後復興し、発展しましたし、今度はアジアのほぼ全部が時とともに経済発展路線に乗ったのです。一九八〇年代はアジアの対応が本物であることが明白になった時代であった、と言えるでしょう。

それはまた、豊かな北の国と貧しい南の国とに世界が分極化していく危険を和らげるものでもあります。

産業革命の被害者だった非西欧世界

「南北問題」は一九六〇年代から論議されてきたものであり、現代の国際問題の中で最も深刻なものと考えられます。南の諸国はほとんどが北の国々の植民地もしくは従属国であったのですが、第二次世界大戦後、次々に独立を獲得しました。しかし、経済は多くの場合うまくいかず、南北の格差は一層拡大することになったのです。

それはまず十九世紀末までにヨーロッパが進出したことの後遺症と言えるでしょう。ヨーロッパ諸国はこれらの地域の伝統的な社会構造をこわし、古くはあったが存在した工業を消滅させ、一次産品の供給地に変えました。第5章で紹介した経済学者ベアロックが「逆工業化」と呼んだもので、例えばインドの場合にはっきりと見られます。インドでは織物工業が盛んで、全工業生産の六五～七五%を占めており、輸出もされていました。十八世紀には全輸出の六〇～七〇%を構成していたと考えられます。ところが十九世紀に入ると、東インド会社の独占が終わったことに加えて、産業革命が速度を速めたため、イギリスからインドへの輸出が急増し始めます。なにしろ、生産性が違いすぎました。そして一八七〇年代が終わるころには、インドの織物工業は全消費の二五〜四五％を供給するにすぎなくなったのでした。

こうして、非西欧世界は産業革命の被害者となり、その間西欧は産業革命の恩恵を受けて人々の生活は大きく改善されたのです。ベアロックが購買力平価で計算したところによると、一八〇〇年には「第三世界」と「先進工業諸国」の一人当たり所得はほぼ同じだったのに、一九五〇年には後者が五倍強となっています。ついでながらベアロックはこの過程について、「先進工業諸国」が南の国々から富を奪って豊かになったというわけではなく、北と南の貿易の影響は決して大きくはなかったとしています。ヨーロッパ諸国の世界への進出は間違いなしに南の国々が豊かになるのを妨げたが、北の国々が利益を得たことはほとんどないのです。なんと無意味なことをしたものかということになりますが、人間のすることにはそうした性格のものが少なくないように思われます。

アジアの成長は開発途上国への励み

第二次世界大戦が終わって、植民地が独立すると、状況は変わりました。いくつかの国で工業化が始まったのです。しかし、いったん産業組織が破壊されてしまうと工業化は簡単ではありません。それに、先進工業諸国の貿易政策が安い工業製品など開発途上国の製品から自国の同種産業を守る作用を持っていたこともあり、さらに農産物の価格が低下したこともあって、南の諸国の工業発展は容易には進みませんでした。より重要な障害は他に二つありました。その一つは人口増加で、一九六〇年代のように南の諸国が北の先進国を上回る成長を遂げても、高い人口増加率によって相殺されてしまったのです。この人口増加は第二次世界大戦前、すなわち南の国々が植民地であったときに始まっています。経済発展にとって北の国々のしたことはマイナスでしかなかったが、医療の導入は着実に効果を発揮したのでしょう。そして、独立後は爆発的な人口増加が起こり、経済発展を困難にさせたのです。

もう一つは、国際金融の不安定化で、石油の価格高騰が原因であり、一九七〇年代になると目立ってきました。もっとも、この場合開発途上国の経済政策の過ちも重要で、野心的だが、賢明でない開発政策などで巨額な財政赤字を出し、国内貯蓄の不足が加わってインフレーションが起こり、対外債務累積問題が深刻になるといったケースが繰り返されてきました。つまり、国内経済を管理する能力に欠けるということですが、世界化された経済の波が南の多くの国々にとって大きすぎたということも考慮しなくてはなりません。

いずれにしても、購買力平価で約十倍、為替レート換算で計算すると五〇〇ドル対二万ドルと四十倍も一人当たり所得が違うということは異常であり、歴史上例を見ないことなのです。だから、激しい議論が行われ、かなりの政策努力が払われてきました。一九六四年の国連貿易開発会議（UNCTAD）[*3]や一九七四年の「新国際経済秩序（NIEO）[*4]の宣言」はその一例です。今後も南北問題は深刻であり続けるだろうし、人類にとっての重要な課題であるでしょう。しかし、南の諸国の苦況はヨーロッパ諸国の進出の作ったところが大きいのだけれども、解決は基本的には南の国自身の努力にかかっています。決して、経済協力を怠ける口実に使われてはなりませんが、多くの援助を手にしながら開発に失敗したとか、それ以上に援助がマイナスをもたらした事例が少なくないことを銘記すべきです。

それもあって、「南北問題」という枠組みは乱用を避けるべきだ、と私は思います。きわめて多数の、さまざまな事情の国々を一括して論ずることは無理なことです。例えば、ラテン・アメリカの国々はその多くが早くから独立国であったし、そのあるものは二十世紀の前半にはかなり高い生活水準を誇っていました。それが今日低開発の問題に直面しているとしても、それを例えばアフリカのサハラ以南の国々と同じ分類に含めるのはおかしなことです。全体としてはまだ貧しいが、きわめて豊かな産油国を含む中東はまた別ですし、その地の人々に誇りを持たせるものとしてイスラムがあることでも――そして、誇りは常に成功の必要条件なのです――中東の事情はまた別です。だから、思い切って言えば、「南北問題」という枠組みで考えるのは一種の政治宣伝であり、問題の解決にはむしろマイナスではないか、と思われます。

とはいえ、欧米と――それに日本という奇妙な例外――だけが工業化に成功して豊かになるという状況が続けば、世界は分極化するし、分極的にものを見る見方が強まるでしょう。アジアの台頭は、日本とＮＩＥＳ（新興工業経済地域）だけでなく、インドネシアや中国という大きな国が真実に成功すれば、開発途上国も経済成長をすることができることを示すものであり、その実例が世界に与える衝撃はまことに大きなものがあるのです。

アジアの成長の日本にとっての意義

ここで、日本にとっての意義も指摘しておきましょう。簡単に言えば、国際環境はアジアの台頭によって日本が生きやすいものになりました。まず第5章で述べたように、隣人が豊かになるということは、日本としてそれだけ商売相手が増えるということです。特に、日本の場合、開国以後近くに工業国がなかったし、地域協力は限定されてきました。戦前力ずくでそれをやろうとして失敗したのは誰もが知っていることで、それもあって日本は広く世界と通商するようになりました。私はそれが通商国家の生き方の基本であり、今後も重んずべきものと考えますが、現在の世界において欧州連合など経済の地域機構ができていることを考えると、それも必要なことなのです。日本にもその道が開けつつあります。

そうした機構は経済的な意味だけでなく、安全保障上の意義も大きいものがあります。生活水準の差が縮まり、経済交流が盛んになれば、概して、関係は友好的になることが期待されます。この点で、過去のように日本が断然突出するというのは危険な状況なのであり、それが変化しつつあることはまことに喜ばしいことです。

経済成長の落とし穴

しかし、問題はこのアジアの経済発展がどこまで続くかということです。アジアの台頭はまだ未完の物語であり、これから落とし穴的な危険がないはずはありません。

経済成長は基本的にはよいものですが、人々を幸福にし、社会と国際関係を安定したものにするとは限りません。まず、考察すべき点を整理しておきましょう。

第一に成長のもたらすコストがあります。その最たるものは環境破壊であり、社会資本の不足から来る生活条件の悪化です。シンガポールだけは例外ですが、それ以外は一昔前の日本を思い出させる現象に満ちています。台北でも、ソウルでも、バンコクでも、自動

a：近郊工業地帯での測定、c：都市中心部の居住地区での測定　資料：GEMS.

国　名	都市名	硫黄酸化物　年平均濃度			浮遊粒子状物質　年平均濃度		
		1979-82	1983-86	1987-90	1979-82	1983-86	1987-90
日　本	東　京	42	23	20	61	50	—
アメリカ	ニューヨーク	79 c	60	—	49	46	
イギリス	ロンドン	66	44	—	—	—	—
タ　イ	バンコク	15 a	15	14	136	163	105
中　国	瀋　陽	105	100	118	409	475	435
中　国	北　京	77	119	107	475	500	413
インドネシア	ジャカルタ	—	—	—	254	271	

地球・人間環境フォーラム編『環境要覧'93〜'94』（古今書院）（単位：μg/m³）

表9-3　世界の主な都市の大気汚染の状況

車はまず動かないので、二、三十分なら歩いた方がよいのが常識です。空は緩やかすぎる排ガス規制のため汚れており、川や海の水も汚い。そうした問題に対しては関心が高まっているし、持ち前のプラグマティズムによって問題は解決に向かうでしょうが、多くの公共資金がいるので、それをいかにして賄うかが政治的・社会的問題となることもありえます。人々が不満を爆発させることだって、ありえない話ではないのです。

以上の事例は、成長とともに課題が変わってくるので、それに対処しなくては成長は続かないことを示しています。それも含めて、成長はどこまで持続するのかが問題であり、それが第二の問題です。それは多くの要因によって決まりますが、ここでは経済の動きそのものから成長が止まる可能性について触れておきましょう。というのは、それは未来予測にもかかわることであり、われわれの考察の前提にもなるものだからです。まず、単純な誤りから言うと、二〇一〇年には中国の国内総生産はアメリカのそれを超えるといった予測はまず確実に当たらないでしょう。私はこの章の初めで、二十一世紀の初めごろのことしか述べませんでした。というのは、多くの未来予測は過去の趨勢を将来に引き伸ばし、投影するという方法をとっており、急速な成長はやがて鈍化するということで少々修正する程度だからです。歴史は直線的には進みません。

それどころか挫折もありえます。アメリカの経済学者クルーグマンはこの点に触れて「アジアの奇跡という神話」という興味深い論文[*5]を書きました。アジア諸国の急成長には挫折の可能性があるというのですが、クルーグマンの論拠を簡単に言えば次のようになります。

経済成長は二つのまったく異質の要因の合成として起こるものであり、その一つは生産に投入する要因を増やすこと、もう一つは生産性を上昇させることである。前者は労働時間を増やすとか、より多くの女性を働かすようにするとか、農業から工業へと労働力を移動させたり、また同じ収入でも、貯蓄し再投資する割合を増やすことなどですが、それだけだと必ず限界がある。一九五〇年代のソ連の経済成長に多くの人は印象づけられたし、確かに目覚ましいものだったが、しかし、それはほとんど専ら生産に投入する要因の増大によるものだったのであり、それゆえに行き詰まってしまった。アジアの国々の中には同様の傾向が見られるのであり、したがって、やがて行き詰まってしまう可能性が少なくない、とクルーグマンは述べたのでした。

鋭く、的を射た指摘です。しかし、私は思うのですが、大概どの場合でも、工業化の初期は生産に投入する要因の増加によるところが大きいのではないでしょうか。労働量の増大もそうだし、資本投下量の増大もそうで、だからこそ、働いて、成功しても、そのカネを消費に回さず、さらに事業をよくし、大きくするために投資する経営者がよい経営者とされたように思われます。それによって、生産額が上昇し、ある程度豊かになった後で、生産性の上昇が重要な課題となるような気がします。そう考えるなら、アジアは挫折するとは限らないが、やがて――国によって時期は異なりますが――生産性の上昇による成長という新しい、より難しい課題にぶつかる時期が来ると考えられます。それも含めて、いくつかの重要な試練の時が訪れると私は思います。その際、挫折の危険もあります。

さらに経済成長は変化を意味しますので、そうした変動にもかかわらず、国の内外の諸関係を安定的なものとして保つ枠組みが必要です。その国際的な諸関係の変化はアジアの中でのそれとアジアと他の文明とのそれとに、一応分けることができるでしょう。その枠組みは中身の変動に応じて変化を遂げなくてはなりません。そうでないと、経済成長によって起こった諸変化が爆発して古い枠組みを吹き飛ばし、新しいものを作ることになりますが、それは危険を伴います。ここまでのところ、そうした国内的、国際的枠組みが存在してきたし、だから成長も可能であったのです。今後はどうでしょうか。

権威主義的政府と経済の啓蒙主義

国際的な枠組みは次回に検討することにして、ここでは国内の政治的枠組みについて考えてみましょう。アジア諸国で経済成長に際して政治的枠組みを与えたのは「権威主義的政府」と呼ばれるものでした。韓国でも、台湾でも、タイでも、インドネシアでも軍事政権であり、選挙によって政権が替わるということはありませんでした。言論の自由も十分に守られていたとは言えません。香港では言論の自由は守られましたが、それは植民地統治下にあり、政権の交替は制度上ありえませんでした。

こうしたことはそれ自身望ましいことではなかったのですが、政治を安定させ、秩序を確保しました。自由な制度の下に経済成長が起こった方が良かったことは間違いありませんが、人間の不完全さを考えるとき、現実的にはまずまず我慢できるものであったと言える、と思います。

世界史を通じて、また第二次世界大戦後の世界を見ても、専制政府は政治的にも経済的にも人々に苦しみを与えてきました。しかしながら、他の地域に比べ、アジアで経済発展を成功させたのは、アジアの権威主義的政府が経済に関して、基本的に市場原理を守ったことにあります。われわれ自身が知っているように、種々の規制が行われましたし、政府が伸ばそうと意図した産業については低金利で資金が与えられました。しかし、そうした企業は国の内外で激しく競争することを求められました。政府はその際、競争が相互破壊的にならないようにすることで、村上泰亮[*6]さんが、「仕切られた競争」と呼んだものが激しく行われたのです。それによって輸出価格は国際的に競争力のあるものとなりました。

その輸出を中心として経済を発展させるという政策も成功の重要な原因ですが、これは既に述べたように、アメリカという巨大で開かれた市場があったことも重要です。その逆に、徐々に少なくはなったが、保護も行われました。農業の保護がわれわれにとっては最もなじみのあるものですが、産業の保護も行われたし、国内の消費価格はむろん高かったのです。しかし、そのような保護の目的は幼稚産業を保護し、競争力をつけさせるということと、弱者を保護し、それによって貧富の格差が広がらないようにすることでした。

アジアの国々は日本をはじめとして、貧富の差が小さいことによって特徴づけられます（図9―3）。それが社会的安定の基盤となりました。またインフレの抑制と貯蓄を増やすようにするというマクロ政策も重要でしたが、貯蓄率が高かったことの理由は正確には分

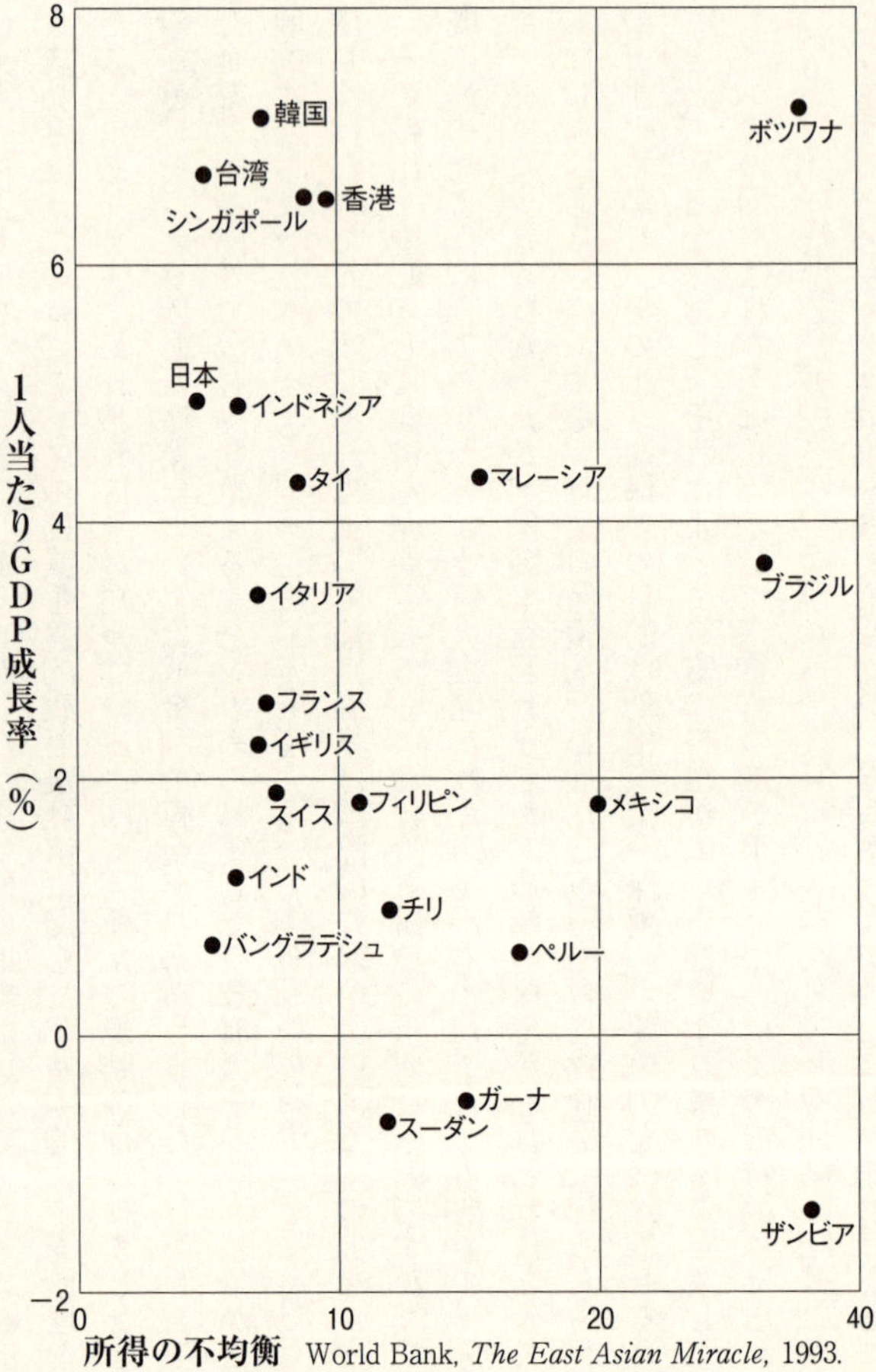

World Bank, *The East Asian Miracle*, 1993.

図9-3　所得の不均衡とGDP成長率（所得の最上位20%と最下位20%の対比）

からないことを付け加えておきたい、と思います。それに教育の重視、特に初等教育の重視と高等教育の中での技術教育の比重の大きさが重要で、この点はすべての人が強調してきました。大体、以上で、アジア諸国の成功を説明することができます。

もちろん、アジア諸国は一様ではありません。同じくNIESの中でも、韓国は政府が大きな役割を果たしたし、台湾は無数の中小企業の自由な行動が経済的活力の源泉となりました。しかし、全体としては以上のような共通点があります。つまり、権威主義的政府の経済政策は、「啓蒙化」されたものだったのです。

進む民主化

しかし、こうした「開発主義」の国家と呼ばれる仕組みは、産業化のある段階には有効だが、そのまま安定するものではないように思われます。人々の自由な行動により多くの場を与える体制の方が、人間性にも合致しているし、発展した経済の必要にも沿うものなのです。どうやら人間はある程度豊かになり、中産階級化すると、自由と政治上の発言力を求めるようになるものであるように思われます。それはまた、経済的にも必要で、それというのも、産業化の初期の段階では規律ある労働力が決定的に重要ですが、高い付加価値を生み出すためには各人が自主性を持ち、それぞれに工夫することが必要だからです。

実際、一九八〇年代の終わりごろから、そうした傾向が見られるようになってきました。まず、フィリピンで民主化運動がマルコス政権を打ち倒しました。もっとも、フィリピンの場合には経済成長が初期に挫折したために起こった運動なので、性格は少々異なります。しかし、それがアジア諸国の民主化運動に火をつけたのは歴史のおもしろいところです。それはともかく、韓国では中産階級の出現によって、明らかにこれまでのような軍事政権を続けることができなくなりました。盧泰愚《ノ・テウ》大統領[*7]が軍服を脱いで大統領になり、彼は一期だけという憲法上の規定を守り、建国後初めて平和裡に辞任することになり、選挙で金泳三《キム・ヨンサム》氏が大統領に選ばれました。将来の歴史家は一期だけという規定を守ったことで盧大統領を高く評価するでしょう。

同じころ、台湾では国民党がほとんどすべての政治権限を握り、言論も政治活動も大幅に制限されていたのが、国民党の指導は変わらないものの、大幅に自由の方向に進みました。ここでは戒厳令[*8]をやめた蔣経国総統の英断とともに、それを継いだ李登輝総統が立派でした。そして、一九九二年にはタイで市民運動によって軍事政権が打倒されるということで、権威主義体制は少しずつ終わりつつあります。

しかし、まだアジアでは権威主義体制の方が多いし、それに中国では政治面での共産党の独裁が続いています。ここでも、経済活動はかなりの程度自由であり、政府の経済政策は大体のところ「啓蒙化」されています。だから経済は成功しているのですが、それが政治にどのような影響を与え、どのような変動が起こり、その結果どのような政治制度に落ち着くのかはまるで分かりません。激変も予想されるのですが、中国の場合にはその大きさと、アジアで中国が占める中心的な位置から、そうした動きは中国だけの問題ではないのです。

＊1　一九六〇年、池田首相は十一月の総選挙を前に、新政策の所得倍増計画を発表した。一人当たりの国民所得を一九六〇年度の約一二万円から六三年度は約一五万円に伸ばすために、さまざまな政策を実施するというのが骨子だった。これにより、十年後には国民所得は二倍以上になる、というもので、高度経済成長時代の幕開けとなった。

＊2　中国、特に南部中国の混乱や生活苦を逃れて、世界各国に出かけていった人々およびその子孫を、通常、華僑と呼ぶ。世界中に二〇〇〇万人、その大多数が東南アジアに住む。最近そのうち現地国籍を持つ人々のことを華人と呼ぶようになった。いずれの場合も、現地との融合度、中国本土への愛着や華人としてのアイデンティティの問題は微妙であるが、その国境を越えるネットワークの経済的意義は大きい。

＊3　ＩＭＦ・ガット体制に不満を持つ南の諸国の要求で一九六四年に設立され、一次産品に関する国際商品協定、開発途上国の製品・半製品に関する一般特恵、ＯＤＡの増額など、

ある程度の成果をあげた。しかし一九七〇年代以降はあまり成果はない。

＊4　一九七四年の国連総会で採択された宣言にうたわれた。開発途上国の発展を疎外するものとして国際経済の構造があるとし、天然資源に関する恒久主権、一次産品のインデクセーション（indexation＝物価スライド制の一種）、市場アクセスの保障などを骨子とする。

＊5　Paul R. Krugman, "The Myth of Asian Miracle", *Foreign Affairs*, winter 1994-95.

＊6　日本を代表する政治経済学者。主著は『反古典の政治経済学』中央公論社、一九九二年。

＊7　一九八七年十二月の直接選挙で第六回目の新憲法体制下の大統領に選ばれた。八八年二月の政権発足から九三年二月の金泳三政権の発足まで政権の座にあり、政治の民主化を進め、ソ連や中国との国交樹立など、北方外交の推進や国連加盟などの実現に努めた。

＊8　一九八七年七月十五日、台湾の中華民国政府は金門・馬祖両島を除く台湾と澎湖列島全域で、四九年五月以来三十八年間にわたって敷かれていた戒厳令を解除した。これと関連して民間人の大陸訪問の解禁など、内政・経済面での自由化を進めた。

第10章　アジア・太平洋圏のセントラル・バランス

戦後処理の不備

アジア・太平洋圏の国際関係は、いくつかの厄介な火種を含んでいます。その基本的な理由は第二次世界大戦後の戦後処理がきちんと行われなかったことに求められるでしょう。第二次世界大戦は第一次世界大戦と違って、文字通り世界を舞台に戦われたものでありましたし、その際、連合国の指導者の注意が隅々にまで行き届くことは不可能でした。特に、主戦場がヨーロッパであったため、アジア・太平洋地域については、十分な戦後計画が練られてはいませんでした。連合国の戦略は「ヨーロッパ第一」、すなわち、ドイツを負かすことにまず力を注ぐというものでした。ドイツを打倒すれば、戦力において格段に劣る日本は楽に負かせるという考えからです。

それは戦略としては正しかったのですが、しかしそのため、戦後処理については計画も乏しく、連合国間の交渉もあまり行われていませんでした。日本の領土を四つの島に限ることは決まっていたし、日本の改革についてはアメリカで計画が練られていました。また、戦後のアジアの中心は国民党統治下の中国にすることも合意されていました。しかし、中国大陸の大半を占領している日本軍がどのような形で負け、その後中国がどうなるかはほとんど考えられていませんでした。朝鮮半島については、しばらく国際連合の信託統治下に置いて、やがて独立させるという計画はありましたが、戦争の推移で終戦時に朝鮮半島がどうなっているかはまったくの未知数でした。

特に、将来の紛争の種子をまいたのはソ連の参戦です。アメリカは日本の戦争遂行能力を過大評価していたこともあって、ソ連に対日参戦を求め、ソ連は対独戦終了後、二、三か月以内に参戦することが決められました。ところがアメリカはソ連の助けを借りなくても日本を打倒できそうだと考えるようになり、原子爆弾を使用したため、戦争終結は早まりそうになりました。しかし、こうした展開をかなり予想していたソ連は参戦を間に合わせたのです。そこでどの国がどこを占領するかがにわかに決められなくてはならないようになり、ソ連は旧満州（中国東北部）をしばらく占領するのに加えて、朝鮮半島の三八度線以北を占領するという協定が結ばれたのです。しかし、分割占領はきわめて便宜的なものでした。それにアメリカは朝鮮占領の具体策はまったく持っていませんでした。基本的には、朝鮮のように長い歴史を持つ国を、当面とはいえ、国際連合の統治下に置くというのは、現実無視もいいところでした。朝鮮半島の人々が反対したのも当然です。アメリカの朝鮮占領はうまくいかず、こうして朝鮮戦争の一つの種子がまかれたのでした。

ベトナム戦争と朝鮮戦争

戦後処理の不備の第二の理由は、アジア諸国の多くは植民地でしたが、その植民地をどうするかについての準備不足です。アメリカと英仏など連合国の間で植民地をどうするかということについて、意見がまとまっていなかったからです。フランス領インドシナを独立させるという考えを、アメリカは一時抱いていたようですが、結局フランスの統治下に戻すことにしました。しかし、それで収まるはずはありませんでした。アジア諸国では独立運動が既に強い力を持っていたし、戦争遂行の必要もあって日本がそれを支持していたからです。ベトナムではホー・チ・ミンの率いるベトミンが中心となって、戦争終結後間もない一九四五年九月二日、ベトナム民主共和国の独立宣言が発せられました。その半月ほど前の八月十七日にインドネシアも独立を宣言したことを付け加えておきましょう。

このうち、インドネシアではオランダの力が限られていたため、割合に短期間にインドネシアの独立は達成されました。しかし、フランスはいぜんとして植民地保有の意思を持ち、力も相当なものであったので、フランスとベトミンの交渉が一年ほど行われた後、一九四六年末にはインドシナ戦争が始まり、一九五四年の夏まで戦闘が続いたのでした。結局、フランスは敗れ、七月二十日にジュネーブ協定が結ばれたのですが、それは守られませんでした。

ジュネーブ協定によると、まず北緯一七度線でフランスとベトナムとを分け、二年以内に南北ベトナムの統一選挙を行うことになっていたのですが、アメリカが不満を持ち、南ベトナムを支持して、別の国にしようとしたからです。それに対して、北ベトナムは南の反政府勢力とともに、ゴ・ディン・ジェム政権打倒運動を一九六一年ごろから活発化し、アメリカも介入を深めて一九六五年には米軍が派遣されることになります。すなわち、ベトナム戦争ですが、それがベトナム統一によって終わったのは一九七五年ですから、ベトナムでは第二次世界大戦後三十年間も戦火が荒れ狂ったことになります。

このように、アメリカが第二次世界大戦中の考えとは逆に、ベトナムにかかわり、その独立運動と戦うようになったのは、もちろん冷戦とからんでいて、それが第三の理由です。アメリカはベトミンとその後の北ベトナムが共産党を中心とすることから、その勝利は共産主義の勝利であると考え、放置できないと判断したのでした。もっとも、アメリカの考え方はまるで間違っていたというわけではありません。一九四〇年の終わりごろ、フィリピン、マレー半島、ビルマ〔現ミャンマー〕などでゲリラ戦が戦われ、それが共産主義者を中心としたもので、ソ連が声援を送ったり、現実に支持を試みたこともあったからです。ただ、こうした闘争はそれぞれの国の事情によるところがほとんどであり、ソ連の支援といっても大勢には影響がほとんどなかったからです。しかし、人間の対立感情と図式的思考は恐ろしいもので、アメリカは自由主義対共産主義という図式を東南アジアに当てはめてしまったのでした。それに、米ソの対立が存在し、それが力の闘争であると同時に体制の対立でもある以上、地域的、国内的闘争が多少ともその大きな対立とからむことも避けられません。ソ連もそのように考え、関与しました。

一九五〇年の北朝鮮の南進は、今日入手しうる史料から考えて、金日成《キム・イルソン》の発意と判断されますが、その軍事能力の限界から、ソ連がそれを支持もしくは黙認しなかったら、北朝鮮の南進は不可能だったでしょう。スターリンが賛成したのは、アメリカが対抗手段をとらなかったら——その可能性は相当高いと考えられました——共産主義の勝利ということでその威信が上がるし、もし、アメリカが対抗手段をとれば、アメリカはそこで精力を消耗し、ソ連にとって枢要なヨーロッパに注ぐ力が減ると考えたからだと言われています。もともと火種はあったのですが、こうして冷戦はアジアでは熱戦になりました。

中国革命

第四の理由は、中国の政治体制が変化し、その後動揺がかなりの期間続いたことです。戦勝国の一つで、戦後間もなく、革命が起こるということは歴史上例のないことですが、連合国の戦後計画では、中国が国連の安全保障理事会の常任理事国の一つとしてアジアの中心勢力となることになっていたのですから、計画に大きな狂いが生じたことになります。

中国では日本が侵略する前には中国国民党と中国共産党の間で内戦が続いて来ていました。一九二〇年代末、蔣介石の率いる国民党が一応中国を統一してはいたが、しかし、共産党の支配する地域もあったので、内戦は終わったわけではありませんでした。その上、蔣介石政権は日本との戦争で基盤を弱めていたので、中国が真実に安定勢力になれるかどうかについては疑問が表明されていました。例えばイギリスの首相チャーチルは、中国は大国かどうかは怪しいと思っていたようです。しかし、中国に対してアメリカ人もルーズヴェルトも夢を持っているので、それに水をかけるようなことは避け、中国を国際連合の常任理事国にすることにあえて反対しなかった、と言われます。戦後のアジアの国際政治について真実に深く考え、準備をした国はなかったのでした。

果たせるかな、戦争終結とともに内戦が再び始まりました。アメリカはマーシャルを送って、なんとか調停しようと努力したのですが、それがうまくいくはずはなく、一九四七年ごろから内戦は本格化し、共産党が二年ほどの間に勝利を収めました。長い戦争による経済的疲弊によって、国民党の基盤は甚大な打撃を受けていたし、戦後激化したインフレーションが人心を国民党から一層離反させたのでした。それに対して共産党は優れた組織力で、日本との戦争の間その力を増大させ、特に、農民の支持を得ることに成功していました。

それはアメリカにとっては大きな目算違いだったし、中国の内戦と共産党の勝利は冷戦の高まりと時を同じくしていたので、アメリカ人にとっては一大衝撃でした。もっとも、アメリカが中華人民共和国を中国の代表政府としてすんなり認めていたならば、事態は紛糾しなかったかも知れません。それが外交の常識ですし、現にイギリスはそうしました。アメリカの中でもそうした考えは存在し、アメリカは共産党政府と交渉もしました。しかし、国民政府が完全に消滅したわけでなく、台湾という狭い地域ではあっても存在し続けたし、冷戦時の雰囲気の中で北京政府の承認までは踏み切れませんでした。しばらくは静観するという態度を表明するのがせいぜいでした。やがて、朝鮮戦争が起こり、米中関係は悪化し、アメリカは国民政府を支持し続けました。それに革命後はどの場合も状況は安定しないものです。文化大革命[*1]もあって、中国抜きで、この地域の国際関係が作られる場合も生じました。

カンボジアでの流血

こうして、アジアでは戦後三つの内戦が戦われ、三組の分断国家ができたのでした。それに、やや性格が異なるものとしてカンボジアの内戦を加えなくてはなりません。それは直接には一九七八年末、ベトナムがカンボジアに軍事介入を行い、ポル・ポト政権を打倒して、親越派のヘン・サムリン政権を作ったときに始まります。

ポル・ポト派は山岳地帯を基地としてゲリラ戦によって抵抗を続け、十数年にわたる内戦となりました。ベトナムが介入した直接の理由はポル・ポト政権がその国民に対し、大量虐殺を行ったというもので、確かにポル・ポト政権は国民の二割近くを殺すという――言葉で言えば簡単ですが、歴史にその例のないものです――すさまじいことを行いました。それは確かに非道そのもので、何故そのようなことになったのか十分には説明できません。

ただ、長期にわたるベトナムの独立闘争の間、カンボジアがベトナムの事実上の基地となり、アメリカが軍事行動を含む圧力をかけたことが忘れられてはなりません。カンボジアのシアヌークは巧みにその圧力をかわしたのですが、結局、アメリカに支援されたロン・

ノル政権が作られ、それをポル・ポトが倒すということになったので、カンボジアは社会が崩壊状態にあったと考えられます。そうしたとき、人間性に秘む恐ろしさが出るのでしょう。

こうして、ベトナムのカンボジア介入には正当な面もあったのですが、介入で済むほど事態は簡単ではありませんでした。一つにはカンボジア国民の中に、根強い歴史的な反ベトナム感情があり、ポル・ポト派への支持も残りました。さらにタイをはじめとする東南アジアの国々が、ベトナムが強大化して「地域大国」になることを懸念しており、これらの国々はカンボジアへの介入を非難しました。その上、中国が少し前までベトナムを助けてきたのに、これまた歴史的記憶がよみがえったように、ベトナムの強大化を警戒し、ポル・ポト派を支援しました。

それに対して、ベトナムはカムラン湾をソ連に提供することと引き換えに、ソ連から支援を受けますが、そうなるとアメリカがそれに対抗して、ベトナムを非難します。その結果、東南アジア諸国、中国、アメリカが中心となって国連におけるポル・ポト政権の代表権を承認し続けるということになりましたが、ポル・ポト政権のひどい記録を考えると、いかに内政不干渉原則をタテにとったとはいえ、奇妙な状況でした。思い切って整理すると、インドシナ半島と東南アジアの地域的バランスにかかわる争いになり、それに米中ソの三大国がかかわったと言えます。

それは、ベトナムがゲリラ戦を完全には鎮圧できないことを長期の戦闘の後に悟り、やがてソ連が国力の限界と自らの改革によってベトナムを支援しなくなるようになって終わりに向かいます。他方、ポル・ポトの方も、勝利を収め、国民と国際社会の支援を得るのを望みえない存在でした。ポル・ポト政権の代表権を主張し続けた国連も心からというわけではありませんでした。こうして、ヘン・サムリン政権でもポル・ポト政権でもない政権を作ることが、当事者と関係諸国との交渉で決まったのであり（パリ協定）、それを受けて、UNTAC（国連カンボジア暫定機構）の管理下で選挙が行われ、新政権が誕生したのは記憶に新しいところです。まことに嫌な内戦でしたが、その解決への努力を通じてベトナムがカンボジアを支配することはなく、東南アジア諸国と友好関係に入ることを重要視していることが分かり、ベトナムとASEAN諸国[*2]の間に信頼感が生じたことは指摘できるでしょう。

朝鮮半島の問題

戦後半世紀の間に状況は少しずつ整理されてきました。ベトナムとインドシナの状況は先に述べた通りです。ベトナムは統一されましたが、ベトナムが旧仏領インドシナをすべて支配下に置くことにはなりませんでした。その結果、ASEAN諸国がベトナムに対して抱く脅威感が弱まり、共存への道が開けました。その二十年前、米中関係は調整され、中国は国際社会に完全に復帰しました。カンボジアの内戦を例外として、アジア・太平洋地域で戦闘はなく、その点から言えば、現在の世界で最も平和的な地域と言ってもよいでしょう。熱い戦争があちこちで戦われていた二十年前とは大変な相違です。

しかし、アジア・太平洋地域に問題がないわけではありませんし、十分に安定しているとも言えません。国際関係の研究者の中にはアジアが将来最も危険な地域であると言う人さえいます。ヨーロッパと比べて、国際社会と言えるようなまとまりがないし、組織化がほとんどなされていず、例えば、CSCE（全欧安保協力会議）のようなものがないし、それに、アジアの諸国は均衡を構成するには大きさが違いすぎるというのがその論拠です。私はその論議が必ずしも正しくないとは思いますが、以上の二点は検討してみなくてはなりません。

その前に、これまでに現れた問題がすっかり片づいたわけではないことに注目しなくてはなりません。台湾の国民政府の存在とその国際関係は、目下のところは凍結されていますが、潜在的には困難な問題です。

緊急度の高い問題としては朝鮮半島の問題があります。先にお話しした戦後処理の不備や冷戦の影響が、そこで最悪の影響を与えてきました。それに、アジアの経済成長もここでは不安定化の原因になっています。第二次世界大戦が終わってしばらくの間は、朝鮮民主主義人民共和国（北朝鮮）の方が韓国よりも経済的には進んでいたと思われますが、両国は一九六〇年代半ばに並び、一九七〇年代半ばから韓国は見る見るうちに水をあけたのです。図10－1はそのことを示しています。

そこから、北朝鮮は脅威感を持つようになったのであり、核武装計画もその一つの表れ、と言えるでしょう。もちろん、それが正当だと言うわけではありません。まず、北朝鮮が脅威感を持っているのは事実ですが、それは北朝鮮がその攻撃的政策によって孤立し、かたくなな経済運営によって経済をおかしくしてしまったからです。朝鮮戦争を始めたのは北朝鮮ですし、その後も北朝鮮は三八度線の非武装地帯の下にトンネルを掘り、そこを通って特殊攻撃部隊を韓国の大統領官邸に進撃させました。韓国の閣僚たちがビルマを訪問したとき、爆薬をしかけて多くを殺害したこともあるし、大韓航空機の爆破事件もありました。どこかで政策を変えるべきだったでしょうが、必要があれば武力を用いても朝鮮半島を統一するのが正しいという信念がある以上、そう簡単にはいきません。逆に、それを阻止しようとしている国々が脅威を与えているということになります。

そうした目から国際政治を見た場合、韓国に国力の上で逆転され、国際社会での地位でもそうなったとき――ソウルでオリンピックを開催するというIOCの決定はその象徴的なものでした――北朝鮮の指導者たちは少なからず焦ったことでしょう。そのため、韓国による併合を防止するには核兵器しかないと判断したように思われます。北朝鮮の孤立は、ソ連との関係が冷却することによって一層強まりました。こうして、北朝鮮は不法なことをしながら、自らが脅かされていると考えています。理屈に合わないようですが、そうした国が時として出現することがありますし、それが国際社会の難問の一つなのです。

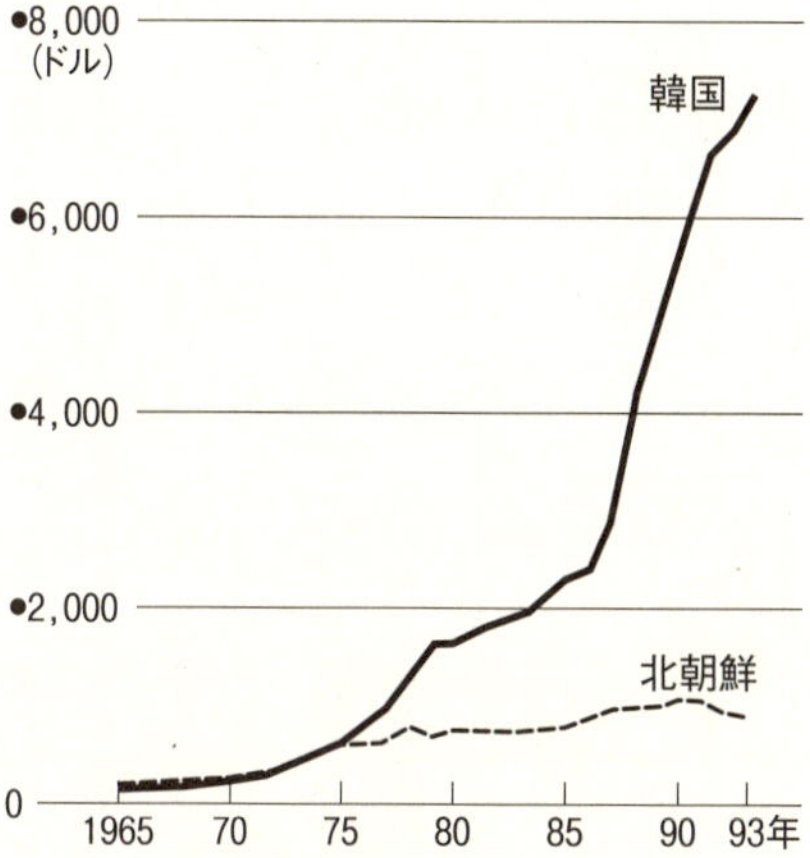

IMF, World Bank, *Economist*, July 6, 1994.

図10-1　韓国と北朝鮮の1人当たりのGDP

　その際、核保有を黙認するのは解答になりません。第2章で述べたように、核兵器を無意味化していくのが基本的課題であると考えるなら、核拡散を防止するのが当面の必要となるからです。それに、北朝鮮がいくつかの中東諸国にスカッドを改良したミサイルを売ってきたことも忘れられてはなりません。

基本的には、それは南北の巨大な格差という問題の根本を解決することにならないし、むしろそれを悪化させます。韓国の一〇分の一強と推定される国内総生産しかない貧しい状況であるのに、二二〇〇万の人口のうち一一〇万人が軍人であり、その上核武装をするという姿は異様であり、とても持続可能とは思われません。ただ私の強調したいのは、強い態度をとるだけでは北朝鮮の核武装は防止できないということであり、またそれに成功しても、南北間の巨大な格差という基本的問題は残るということです。

四つの明白なこと

それがどのように解決されていくのか、またされるべきなのか、はここでは扱いません。ただ明白なことが四つあります。

その一つは言うまでもなく事態をさらに危険なものにする核武装は思いとどまってもらわなくてはならないということです。幸いなことに、事態はよい方向に向かっているように思われます。アメリカと北朝鮮が一九九四年に合意したものには曖昧な点も残されていますが、問題の性質上それにはやむをえないところがあります。

基本的に重要な進展は、北朝鮮がプルトニウムを多く作り、したがって核兵器の材料を作るタイプの原子炉をやめ、軽水炉に切り換えると約束したことです。もちろん、将来の展開は確かではありません。しかしここで重要なのは、北朝鮮が何故政策転換を決意したのかということであり、その要因が今後も続くなら、北朝鮮の核兵器開発は抑制されるだろうということです。

その要因とは、まず北朝鮮の指導者が秘密裡に核兵器を開発する直接のコストが高いものである上、そうした行為がもたらす孤立がそれ以上に大きなコストを伴うことを認識したことでしょう。具体的には経済が成り立って行きません。つまり、核武装を企てる国が孤立するという国際的な仕組みが重要なのです。中国も北朝鮮の政策の変更を働きかけたと言われますが、それでも強硬政策を続けることは完全な孤立をもたらしたでしょう。

それに加えて、無理をして核兵器を所有してもその効果はまことに限られたものです。日米関係と米韓関係がしっかりしている以上、アメリカの核抑止力は作用します。北朝鮮が核兵器を、政治的、心理的なものを含め、いかなる形で利用しようとしても、自殺的でしかありません。こうした要因は今後も作用し続けるでしょうし、そのためにわれわれは努力しなくてはなりません。以上のことは国際社会の枠組みと言ってもよいのですが、それは国際社会の安定と平和のために重要なのです。

この枠組みには軍事的な側面と非軍事的なものとがあります。そのうち軍事的な問題については、そうした枠組みを与えることができるのは、中国とアメリカ、それにロシアということになります。良かれ悪しかれ、日本にはその能力がありません。ただそう言うと、何もしないで、話し合いに徹するという人も出てきそうですが、国際社会として行う平和維持に、脇役として、参加することは必要です。少なくとも、軍事的側面を熟知して、外交的努力は行われる必要があるので、そのことは朝鮮半島の緊張緩和策を考えてみれば分かります。日本の基本的役割が何であるかはしっかりと認識する必要がありますが、それを極端にまで押し進めるのはひとりよがりと言うものです。

もう一つは、条件の整ったときの経済協力ですが、これについては日本は大きな役割を果たさなくてはなりません。ただ、それも国際社会の枠組み作りと関連しているか、もしくはその一部なのです。もちろん、朝鮮半島の事態を安定化させるのは、直接には朝鮮半島の人々の判断と行為によるということで、これは当然ではありますが、強調されなくてはなりません。例えば、問題の根本的解決にとって南北朝鮮の統一が必要として、それをどのようなペースで、また、どのような形で行うのかは朝鮮半島の人々の問題です。

ASEANは太平洋地域の安定の核

以上に考察した朝鮮半島の安定と平和のためのアプローチは一般化することができます。

すなわち、当事者、あるいは地元の事情をよく知り、そのイニシアティブを重視すること、それと同時に問題が波及したり、拡大したりせず、平和的に解決されるような枠組みが必要だということです。

そのことは、現在差し迫った問題ではないが、将来の火種となりうる南沙群島、西沙群島の問題を考えても分かります。この二つの群島は人間が住むのにはまったく適していないが、しかし、この海域には石油があると考えられています。そのため、南沙群島については ベトナム、フィリピン、マレーシア、タイ、中国と、各国が入り乱れて領有権を主張しています。その結果、小規模ではありましたが、武力衝突が起こっています。それが大きなものとなり、諸国家の対立が深まれば、石油は幸せではなくて禍いをもたらすことになります。

それを避けるためには、領有権の問題が軍事力によって解決されないようにし、できるだけ共同開発をするような仕組みを作る必要があります。そしてASEANはこの方向への努力を行ってきました。実際、ASEANはアジア・太平洋地域の国際関係の安定と平和の一つの核になりうるものと考えられます。特にASEANが作られた一九六七年ごろそれがまことに低い評価しか受けていなかったことを考えるとそうです。確かに、それはしっかりした組織を持っているとは言えないし、したがって紛争解決のルールもあるわけではありません。会議が開かれてもコミュニケが出されるとは限らないので、談話会でしかないという酷評もあるくらいです。

しかし、そうした酷評は、国際社会の組織化と言うとヨーロッパ型のものを思い浮かべることから生ずるもので、誤りではないでしょうか。ヨーロッパ型のものを硬い組織と言うなら、それには長所も短所もあります。例えば紛争解決の手続きを決めてあると対応が早い面はあるが、しかし、その手続きにしばられ、黒白を決めなくてはならず、それが問題解決をかえって妨げることもあります。国際社会はそもそも組織化の程度が低いのであり、そこに国内社会のような手続きを持ち込むには無理があるのです。

具体的な事例として、先に触れたカンボジア問題を取り上げましょう。事の起こりはベトナムが武装侵攻し、ヘン・サムリン政権を作ったことでした。それは明白な内政干渉でしたから、容認するわけにはいきません。しかし、ベトナムを非難するだけでは問題は解決しません。ポル・ポト政権が希有の暴政を行っていた以上、それに戻すことは望ましくありませんし、さらにベトナムがインドシナ半島に存在する以上、ベトナムを抜きにして解決を決めたところで実効性もありません。つまり、ベトナムの行為を悪と決めつけることは解決の妨げとなるのでした。そこでASEANは国連におけるカンボジアの代表権はポル・ポトにあるとしながら、内戦解決のため、ポル・ポト派、ヘン・サムリン派、それに第三の勢力の会合を開催することに努力しました。

とは言え、そうした会合が開かれても、最初はただ顔を合わせるというだけで、中身のある話にはなりませんでした。仕事柄、そうした会合のニュースを聞いて考えるたびに、まだるっこしいという感じがしたのを、私は今でも覚えています。しかし、そうした会合が何回も開かれ、話し合う習慣が作られて行き、そのうち情勢が変化して、パリ協定が結ばれるようになったのです。一見、無意味に見えたが、根気強く繰り返された会議は重要な役割を果したのでした。ASEANはこうして成果を上げたし、それによってASEANの威信は高まり、国際社会での地位を確立した、と私は思います。それはまたわれわれに多くを教えてくれます。

ASEANの外交官は、ASEANの外交の基盤にある考え方を語っています。まず、各国に独自の事情があることを認め、内政干渉にならないよう努力する。次に、国際社会の問題解決がどの道論理的にすっきりしたものでない以上、不完全な解決策でも、事態が少しでもよい方向に行く道を見つけるよう努力する。同様の精神から、正義をふりかざし相手を非難する「怒鳴り合い」はしないし、解決策を考えるとき、関係国の「メンツ」を重んずるというのです。そのような国際社会の運営の仕方も存在するのであり、したがってアジア・太平洋地域が国際社会としてのまとまりを欠くという批判は当たらない、と私は思います。

勢力均衡の必要性

それでは、もう一つの批判点、すなわちアジアに安定したバランスが存在していないという点はどうでしょうか。国際社会の仕組みの基本は、関係国のどの一国も完全に優越することなく、したがって自分勝手な解決はできないような力関係だという事実を強調しなくてはなりません。つまり、勢力均衡ということで、この言葉に反発する人もあるようですが、どこか一国が優越している状況での話し合いは本物の話し合いではないことを考えると、勢力均衡の必要性は理解していただけると思います。現実に、東南アジアの人々はそのことを知っていて、先日もベトナムを訪れた私の友人がベトナムとアメリカの接近について、南シナ海の石油開発をめぐって中国の力に対抗するためにアメリカを引き入れたいと思っているからだ、と言っていましたが、まことに明快な力学であります。

アメリカ・中国・日本の勢力均衡バランス

ＡＳＥＡＮ諸国は、ＡＳＥＡＮとしてそうした意思を表明したことはないのですが、この地域でのアメリカのプレゼンスを必要と考えています。アメリカ軍はフィリピンのスービック湾とクラーク基地に存在していましたが、アメリカとフィリピンの交渉の結果、アメリカ軍が引き揚げることが決まると、米軍艦艇の寄港を認めるとか、基地を提供するとかして、アメリカ軍の存在を続けさせるようにした事実がＡＳＥＡＮ諸国の考え方を雄弁に物語っています。

もっとも、彼らはアメリカが居てくれればすべて問題が片づくと考えているわけではありません。またそれが過剰のものになるときには批判もします。ただ、彼らはこの地域の大国である中国と日本のいずれかが優越するか、もしくは両国が激しく対立するのを警戒しているのであり、それを防止するのは遠いアメリカがこの地域に関心を持つことだと考えているのです。

ＡＳＥＡＮだけでなく、韓国や中国も日米安保条約の存続を支持していますが、その理由はまったく同一です。なかには、日米安保条約の機能は、日本の軍事大国化の防止にあるという説（アメリカは日本の軍事力上昇を抑えるフタであるという説）を唱える人がいますが、それは間違いではないが、単純を通り越して乱暴な議論です。日本はアジア・太平洋地域で大きな力を持っているから、それが軍事的なものを多く含むようになるのは安定を害するおそれがあります。バランスを崩す可能性があるのです。しかし、日本の軍事力が小さければそれでよいというものではありません。日本にも安全保障上の懸念はあるので、日米安保条約がなくなり、その懸念が現実化すれば、日本の軍事大国化もありうる。だから、日本に安心を与える点で、日米安保条約が必要なのだという外交の常識的思考がやはり正しいと思います。

こうして、アジア・太平洋地域の勢力均衡の中心的なバランスは、中国、アメリカ、そして日本が形成することが見えてきます。またそれは安定的なものになりうる、と私は思います。私がそう考える最大の理由はこの三つの力がそれぞれ異なった性格の力であり、かつ、それなりに大きなものだからです。

三極の性格

まず、アメリカは第2章でお話ししたように、軍事力、経済力、そして「互選的」な力をあわせ持っており、総合力を考えれば世界はアメリカを中心にした一極構造とも言えるところがあります。しかし、グローバルな存在には独自の限界があります。アメリカの軍事力は世界に広く散らばって存在するので、それは基本的な枠組みを与え、保障を与えることはできますが、ある特定の地域に介入する力は限られています。それに、核時代においては大国といえども、介入力、特に独自のそれは限られたものなのです。湾岸戦争はそのことを示していて、国際連合の承認が得られ、多くの国が協力したから、アメリカは成功したのです。経済についても、アメリカは世界経済の枠組みを作り、維持する上で大きな役割を果たしますが、アジアの経済を思うように動かすことはできません。なんと言っても、アメリカはアジアから遠い。そのためアメリカが東南アジアの経済と深いかかわりを持つようにはならないでしょう。

中国はその巨大な人口とその地政学的な特徴——それは海と砂漠と山とで仕切られています——ゆえに大きな「拒否力」を持っています。それに中国は政治的力量が大きい。国連の安全保障理事会の常任理事国ということも一つの理由ですが、基本的には歴史的に中国がアジアの中心であり、それはその地理的位置と人口とによるということが重要です。こうして、アジアで中国の意思に反することはまずできません。

しかし、その巨大な人口は強みであると同時に、行動の制約条件にもなります。少なくとも、それを統治することは難しいのであり、打って一丸となるといったことはまず不可能です。それに購買力平価で計算して、その国民総生産がすでに日本のそれを少し上回るとしても、経済成長の段階はまだ低く、一人当たり所得は日本人の一〇分の一です。もっとも、中国のように巨大な存在の平均値はほとんど無意味ではありますが、地域格差の大きさは明らかで、その統治はまことに大変です。こうして中国は受け身にはきわめて強いが、積極的な影響力はそれほどではないということになります。

日本はその逆で、経済的には豊かで、その点では世界に影響を与える存在ですが、基本的に脆弱な存在です。世界が順調にいっているときには大国でも、世界秩序が崩れたときには大層心もとないところがあります。それに島国的な社会体質から「互選的」な力も、アメリカはもちろん、中国に比べても弱く、それも体質的な理由からです。こうした脆弱性は、日本が少々大きな軍事力を持っても克服されません。もちろん、自衛のための軍事力は持つべきですが、それ以上のものはあまり効果がなく、周囲の国に脅威感を与えるマイナスの方が大きいので、日本にとっては軽武装政策の方が賢明なのです。

つまり、日本は誘導はできるが強制はできないし、主として世界秩序を支えることを通じて発言力を増やすことしかできないのです。日米安保条約はそうした存在を可能にするための基本的条件ですが、それとともに世界秩序の維持に――経済秩序はもちろんのこと、ＰＫＯ[*3]などの平和維持活動にも――積極的に参加することによって初めて重武装の国にならなくて済むのだということが忘れられてはなりません（図10－2、表10－1）。

こうした三国のあり方は、いつか、誰かが計画したわけではありません。第二次世界大戦後のアジア・太平洋地域の不安定な状況に対応しているうちにそのように自然に発展してきたのです。だが、それだけにそれは事物の本性に合致しています。まとめて言えば、三つの異なる性格の力が、均衡したり、補完したりしているのであって、一つの国が思う

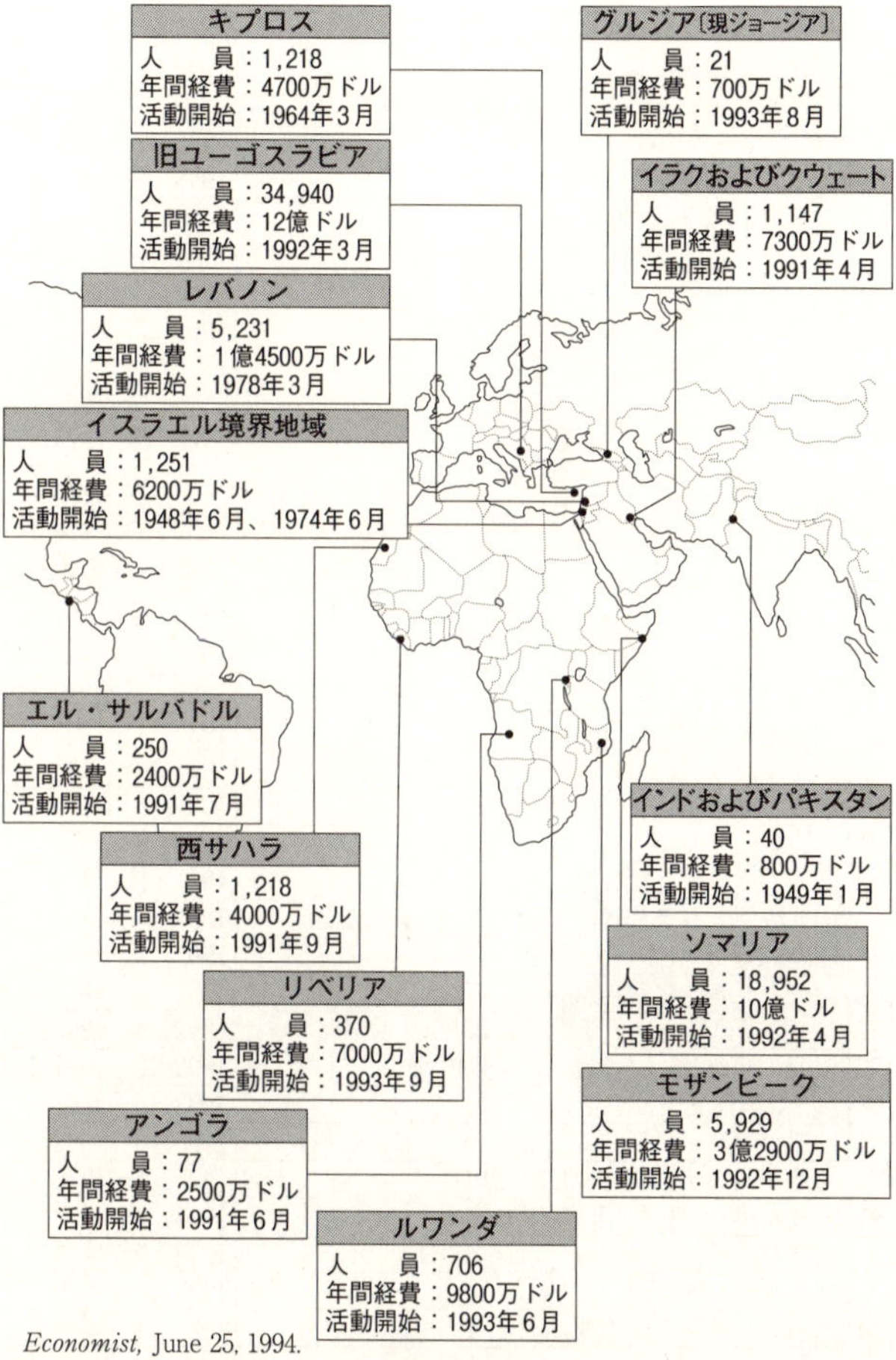

Economist, June 25, 1994.

図10-2　紛争地域における国連軍および監視団、警察の派遣人員

（1994年5月31日現在）

	名　　称	期　間
1	国連休戦監視機構（UNTSO）	1948. 6～現在
2	国連インド・パキスタン軍事監視団（UNMOGIP）	1949. 1～現在
3	第1次国連緊急隊（UNEF I）	1956.11～1967. 6
4	レバノン国連監視団（UNOGIL）	1958. 6～1958.12
5	コンゴ国連軍（ONUC）	1960. 7～1964. 6
6	西イリアン国連保安隊（UNSF）	1962.10～1963. 4
7	イエメン国連監視団（UNYOM）	1963. 7～1964. 9
8	国連サイプラス平和維持隊（UNFICYP）	1964. 3～現在
9	ドミニカ国連事務総長代表使節団（DOMREP）	1965. 5～1966.10
10	国連インド・パキスタン監視団（UNIPOM）	1965. 9～1966. 3
11	第2次国連緊急隊（UNEF II）	1973.10～1979. 7
12	国連兵力引離し監視隊（UNDOF）	1974. 6～現在
13	国連レバノン暫定隊（UNIFIL）	1978. 3～現在
14	国連アフガニスタン・パキスタン仲介ミッション（UNGOMAP）	1988. 4～1990. 3
15	国連イラン・イラク軍事監視団（UNIIMOG）	1988. 8～1991. 2
16	第1次国連アンゴラ監視団（UNAVEM I）	1989. 1～1991. 6
17	国連ナミビア独立支援グループ（UNTAG）	1989. 4～1990. 3
18	国連中米監視団（ONUCA）	1989.11～1992. 1
19	国連イラク・クウェート監視団（UNIKOM）	1991. 4～現在
20	第2次国連アンゴラ監視団（UNAVEM II）	1991. 6～現在
21	国連エルサルバドル監視団（ONUSAL）	1991. 7～現在
22	国連西サハラ住民投票監視団（MINURSO）	1991. 9～現在
23	国連カンボジア先遣ミッション（UNAMIC）	1991.10～1992. 3
24	国連保護隊（UNPROFOR）	1992. 3～現在
25	国連カンボジア暫定機構（UNTAC）	1992. 3～1993. 9
26	第1次国連ソマリア活動（UNOSOM I）	1992. 4～1993. 4
27	国連モザンビーク活動（ONUMOZ）	1992.12～1994.12
28	第2次国連ソマリア活動（UNOSOM II）	1993. 5～現在
29	国連ウガンダ・ルワンダ監視団（UNOMUR）	1993. 6～1994. 9
30	国連グルジア監視団（UNOMIG）	1993. 8～現在
31	国連リベリア監視団（UNOMIL）	1993. 9～現在
32	国連ハイチ・ミッション（UNMIH）	1993. 9～現在
33	国連ルワンダ支援団（UNAMIR）	1993.10～現在
34	国連タジキスタン監視団（UNMOT）	1994.12～現在

外務省「日本と国連―国際連合創設50年にあたって―」(1995年1月現在)

表10-1　国連平和維持活動の歴史

ように切り回すことはできないし、それゆえに協力せざるをえないようになっているのです。それが勢力均衡の元来の意味であり、望ましいものなのです。

しかし、この仕事は決して容易ではありません。特に、アメリカと中国にとってそうです。日本は日米安保条約を維持しつつ、中国と友好関係を保つという政策以外の選択肢がほとんど考えられないだけに、時々の動揺はあっても、そこから大きく離れることはないでしょう。しかし、米中両国の場合には考えうる行動の幅がはるかに大きいのです。中国はその経済成長によってはきわめて大きな国力を持つようになり、不利な選択ではありますが、アジアの覇者になりうるかも知れません。逆に挫折もありえます。

アメリカのプレゼンス

当面はアメリカに多くがかかっています。と言うのは先に述べたように、アジアのほとんどの国はアメリカの軍事的プレゼンスを望んでいるし、それは安定要因なのですが、しかし、現代の国際社会の性質から、アメリカがアジアを牛耳ることはできません。この点はヨーロッパについても同じことが言えます。ヨーロッパ諸国もまたアメリカのコミットメントを望んではいるが、その国際関係をアメリカが牛耳ることには反発します。しかしそれでよいので、アメリカは世界秩序の安定のためのリーダーシップをとることで、アメリカの基本的国益を守っているのです。しかし、それでアメリカが具体的に何かを得ているわけではありません。戦略論の大家と言えるイギリス人のマイケル・ハワードはアメリカの軍事力の役割を十九世紀の英国海軍のそれになぞらえました。

「百年近くの間、イギリスの海軍力は全地球にわたり、恩恵的な覇権を行使したが、それは通常普通のこととして受けとられた。それが他の国々の利益と衝突することがきわめて少なかったからである。イギリスはその覇権から最も利益を受けたけれども、他の国がそれによって害を受けたことはなかった。その下で世界は類例のない成長と繁栄を享受することができたのである」[*4]

やや自画自賛というところもありますが、概ね正しいと言えます。ここで大切なことは、イギリスの海軍力が特定の敵や脅威に対処して意味があったというより、国際的対立の深刻化を防止し、それによって国際関係を安定させ、各国を安心させていたことで、ハワードはそれを軍事力の保障機能と呼び、抑止や強制と区別しています。アジア・太平洋地域におけるアメリカの軍事力の機能は確かにそうしたものです。しかし、それは乱用すれば崩れてしまいます。そして、アメリカはヨーロッパに対する以上に、アジアの国際関係を牛耳りたいという習性を持っています。それは多分、アメリカとアジアのかかわりが貿易商と宣教師とから始まったことに根ざしているのでしょう。アメリカの宣教師はアジアに多くをもたらしはしましたが、その教導の記憶は今ではマイナスになる恐れもあります。

この点に関係してもう一つの問題は、アメリカとアジアが異なる文明として発達してきたことかも知れません。それがどのくらい深刻な問題かは次に検討しますが、「文明の衝突」という議論が提出され、かなりの関心を集めていることは事実なのです。国際関係においては異なった性格の力の間のバランスの方がよいが、しかし、それがまったく異質なものの間のバランスになると抗争を生みます。アメリカとアジアが異なった文明に基づくことの意味を考えてみなくてはなりません。

＊1　一九六六年から七六年まで、中国全土で起こった政治的運動。毛沢東は第一線から退いていたが、劉少奇の政策を修正主義と見、これに対抗した。人民解放軍の一部を基礎に、大学生、中学生から成る紅衛兵と、造反派の労働者を動員し、党組織を破壊し、「修正主義者」を迫害した。毛沢東の権威と大衆動員が結び付いた珍しいタイプの運動で、世界の耳目を集めたが、結局、混乱と無秩序をもたらすに終わった。

＊2　ASEAN（Association of South-East Asian Nations＝東南アジア諸国連合）は一九六七年に、インドネシア、マレーシア、フィリピン、シンガポール、タイの五か国で作られた。当初は低い評価しか得られなかったが、カンボジアの内戦などへの対処の必要などから、コンセンサスを重んずる方針で、次第にこの地域の平和と安全の確保について重要な

存在となっていった。最初からうたわれていた地域的経済協力は、この地域の経済発展とともに重要になった。一九八四年にブルネイ、九五〜九九年にベトナム、ラオス、ミャンマー、カンボジアも加入するようになった。

＊3　PKO（Peace-Keeping Operations＝平和維持活動）は、平和を脅かす局地的な紛争や事態の国際的な拡大を防止するために、国連が小規模な軍事組織を派遣し、事態の平穏化を図るもの。国連憲章にこうした規定はなく、一九五六年のスエズ動乱に際して派遣された国連緊急軍が先例となり、実践過程で定着してきた。人道的介入を中心に、送られる兵力が増大し、課せられる任務も変化しつつあるが、①戦闘を目的にしない、②紛争の一方の当事者に加担しない、③国連、特に事務総長の指揮、統制に従う、という条件は重要である。

＊4　Sir Michael Howard, "Lessons of the Cold War", *Survival*, vol. 36 No. 4.

第11章　文明間の摩擦・抗争・積極的変容

異質論と人権外交

アジア諸国の台頭は世界史的な意義を持つ出来事です。西洋という一つの文明だけが優越する状況ではなくなったということは実に大きな意味のあることです。しかし、それはまた、文明論的な問題を提示するものでもあるのではないでしょうか。すなわち、文化摩擦、もしくは文明間の摩擦も発生するのではないでしょうか。そのように考えさせる材料がこのところいくつか出てきました。

その一つは、日米経済摩擦において、文化的、社会的な原因に注目する人々がかなり多数現れたということです。日本異質論と言うことができるもので、例えば、官僚の力が強く、企業の系列が強力であるのが日本の市場を閉鎖的にしているのだが、その根は日本人の集団的性格、あるいは社会的紐帯の強さに求められるという議論はその一つです。終身雇用制もしばしば槍玉に上がり、それが企業の利潤よりも市場でのシェアを追求するようにさせるために、世界経済の安定を害するところがあると言われたりします。

もう一つの例は、アメリカ人の人権外交とそれへの反論です。アメリカのクリントン大統領は、大統領に就任して間もなく中国での人権抑圧を問題にし、その点での改善がなければ、一年後、すなわち一九九四年六月に中国に対して貿易上の「最恵国待遇」[*1]を更新しないであろう、という立場を明らかにしました。それは米中関係を緊張させたし、クリントン大統領がその警告を実行したら、中国もこれに対抗してアメリカに対する「最恵国待遇」を取り消し、米中間の冷戦にさえ発展するのではないかと恐れられたのです。一九九四年五月、クリントン大統領が人権問題と「最恵国待遇」とを結びつけるのは間違いであるとして、政策を変えたので、事なきをえました。それは英断でしたが、初めから言わなければよかったのにとも思われます。

小さい出来事で、人々の注目を集めたのは、シンガポールでアメリカの青年が故意にペンキで自動車を汚したのに対し、シンガポールの法廷は法に従ってむち打ちの刑に処するという判決を下し、それをアメリカ政府が人権侵害だと非難し、シンガポール政府が内政干渉として反論したことでした。

こうした性格の論争は今後より頻繁に見られるようになる可能性があります。その一つの形は貿易関係の議論に際して、人権が守られていない国と自由な通商はできないというもので、経済の方に重点がかかったものです。実際、そうした議論はNAFTA（北米自由貿易協定）の批准に際して、アメリカの中でペローたちが展開したものでした。その場合、競争は公正なものではなくなるというのです。確かに、例えば奴隷を使うとか、政治犯として監獄に入れられている人間を使って生産された商品も自由貿易の原則に従って売り買いしてよいかとなると問題です。

ある国が人権をどのように扱おうがそれはその国の勝手で、他の国は関与すべきではないとまでは言えないのです。もっとも、アメリカのこうした問題の取り上げ方には強引なところがあったし、少なくとも賢明でなかったことは否定できません。上述の二つの事例は内政干渉と言われても仕方がありません。

異質論と優越論の系譜

そして最近になって、文明と国際政治との関係について、本格的な論文も出され、理論的な応酬も起こるようになりました。アメリカの政治学者サミュエル・ハンチントンは「文明の衝突」[*2]という論文を発表して、多くの注目を集めました。イデオロギーの対立が終わった今日、文明の衝突が世界の中心的な出来事になると言うのです。これに対し、あるいはその前から、儒教に体現される価値が、家族を強め、社会を安定させ、人々を勤勉にさせているのだ、という主張がなされてきましたし、そうしたものがなく、個人主義が強すぎることから西欧の先進工業諸国で種々の混乱が起こっているのだ、と論じられます。そうした「アジア的価値」の代表的主張者はシンガポールの前首相リー・クアンユーです。「文明摩擦」もしくは「文明の衝突」の現象をどのように考えればよいのでしょうか。そのためにはまず、これまでに人々が文明摩擦や異質性の問題をどのように考えてきたかを見ることにしましょう。それは決して新奇な現象ではなく、逆に昔からあるものです。実際、人間が異なる部族、国家、文明と出会うときの最初の反応は、「自分たちとは異なる連中だ」というものなのです。歴史に例をとると十九世紀の半ば日本が開国したころ、欧米人は日本に妾の制度が公認されているのを見て、日本人は好色な人種と考えました。同様に、日米通商条約の批准のためにアメリカを訪れた日本の使節は、夜会に女性が肩が出ているようなドレスを着て現れるとか、男女が人目をはばかることなく手を取り合うことから、これまたアメリカ人は好色だと書いているのです。異質を見る反応は原始的なものだと言えるでしょう。

しかし、それは人間にとって重要なアイデンティティとつながっています。そのため、あらゆる集団が他と自らの違いを口にしてきました。その最も古典的な見事なものがペリクレスの葬送演説であり、スパルタとの戦争（ペロポネソス戦争）で戦死した人々の葬式で、ペリクレスはアテネがスパルタと異なる政治体制を持っていることを誇らしげに語ったのでした。それは民主主義宣言として有名であり、アテネの信ずる理想を見事に描いたものなのですが、演説の構成はスパルタ人との対照においてアテネ人を讃えるという形になっています。例えば、「他国人ときわめて対照的なのは、われわれには危険を負う用意があり、また危険を計算する用意もあることである。他国人は無知なら勇敢であるが、思考すれば逡巡する」[*3]というくだりは、公開の討論で物事を決する政治体制を見事に言い表していますが、しかし「他国人」との対比で表現されていることにも注意すべきです。

こうした感情は、当然のことながら、戦いにおいて強調されるのであり、二十世紀の二つの世界大戦に参加した国々はすべてがそうしました。しかし、異質であるから戦うとか、相手を変えるべきだということになると話は別です。そして、集団間の交流が盛んになって初めて異質論にそうした性格が出てくるように思われます。ここではこの問題を歴史的に追うのは大変ですから、話をとばして十九世紀に移りたいと思います。ただ、異教徒を転向させるべきだとか、野蛮なものを自らの文明に同化させようという考えは、歴史を通じて、あちこちに存在してきたことを注意しておくにとどめます。

そこで十九世紀の事例ですが、文明論と行動の結びつきは、欧米諸国の「文明を広める使命」（civilizing mission）という言葉に如実に表されています。それには政治、経済的な側面と布教という性格とがあり、強調点は異なりますが、二つは離れ難く結びついていました。その最も普通の形は植民地主義ですが、考え方は広範に存在しました。例えば、ペリー提督を送る前にアメリカで行われた議論を見ると、貿易によって世界が結びつけられるようになった世界で、それを拒否する日本の態度は誤りであり、日本にも文明の恩恵を享受させるべきだという議論がありました。それと同時にその文明の中にはキリスト教が含まれており、布教しなくてはならないという使命感も存在したのです。

こうした考え方が強力になったのは、言うまでもなく、十九世紀にヨーロッパ諸国に次いでアメリカが経済成長に成功し、他の世界に断然まさる力をつけるようになったためです。文明は広がっていく傾向を持っています。そこにはむろん権力欲が作用していますが、しかし布教者たちや、植民地に出かけていった行政官たちが、優れたものを導入するという強い使命感を持っていたことも否定できません。そうでなければ、今日でさえ不便で不健康な所に教会を立て学校を作ることはなかったでしょう。ただ、それゆえ、欧米の側に、他の文明や部族は文化的、宗教的、または人種的に劣等であるという烙印を押す傾向がありました。それが問題を生み出したのであり、善意を持って導入したはずのものが、不適切なものを押し付けることになってしまったのです。

しかし、現在出てきている文明論はそれとは性質を異にするものです。傲慢なまでの自信はもはや見られません。私の見るところ、現在の異質論は十九世紀末から二十世紀初めにかけての異質論とかなり似た性質を持っています。

「異質論」は繰り返す

そのときに異質と言われたのはドイツとアメリカで、ドイツはその官民一体となった経済運営が、参謀本部の作戦計画によって一糸乱れぬ行動をとるドイツ軍と似ている点で、それまでのヨーロッパの国と異質と言われました。その最も優れたものが一八九七年に書かれたヴァレリーの『方法的制覇』であり、彼はドイツが集団を作り、各人が決められた持ち分でしっかり仕事をし、そのため個人にはとてもできないような仕事ができるようになっている、と書きました。

「国民全体がするのだ。各小部門には数百人の人が住む。一々の試みは集団全体によって支えられ、しかもその集団は元来規律的である。ここにおいては、理知の社会的悪徳、すなわち無規律ということが影を秘める。ただ、驚嘆すべき一つの道具が残るだけだ。すなわち規律的な理知である」[*4]

アメリカについては、流れ作業による大量生産方式が人間を疎外するものであり、異質なものだとされたのです。「この超集産主義には、人類にとっての大きな危険が存在する。その人間としての完全さ（インテグリティ）は生産者としてのみならず、消費者としてもまた深刻な危険にさらされている」。この人類にとっての危険という言葉や、工業化されたイギリスと手工業のインドとの相違よりもアメリカ以外とアメリカとの差の方が大きく重要だという文章を読めば、文化国粋主義者の一文かとお思いになるかも知れませんが、それはアンドレ・シーグフリード*5という優れた評論家——私も彼を尊敬しています——の書いたものなのです。

ヴァレリーの議論にしても、シーグフリードの議論にしても、暴論というわけではなく、鋭い指摘を含んでいます。しかし、今日アメリカやドイツを「異質」として片づける人はいません。そのことは多分、異質論が出てくる状況を示唆しています。すなわち、人間というものは新興の強い勢力が出現するとき、それを異質として警戒するようなのです。そして、新興勢力自らも、自分たちの固有の美徳に成功の原因があると自負するのです。しかし、時とともに、それほど変わっているわけではないということが分かるのではないでしょうか。ヴァレリーとシーグフリードの議論は二段構成になっています。まず、ドイツやアメリカの力が大きくなり、将来も伸びそうであることとの認識があります。同じころ、もっと下等な議論が多数ありました。例えば、ドイツの工業は模倣によるものだとか、アメリカには文化がないという議論ですが、二人はそうした議論を排除して、新しい力を正確に認識しています。しかし、その次に彼らはそれを受け入れ難いと考えていました。ヴァレリーは書いています。

「もしも小生がドイツ人だったら、むろんこの、規律ある集団による生産という、最初の着想を深化して、公表したところであったでしょう。あるいはこの考えが採用されたかも知れません。しかし、小生は昔からいつも、自分の諸計画をただ内部の方にしか向けないという用心を持っていました」*6

つまり気が進まなかったのです。この感情が重要なので、すなわち、競争のために、そうした気の進まぬ方法を取り入れなくてはならないのかというものです。「われわれも君たちと同じようにならなくてはならないのか」という気持で、実際、この言葉は日本の台頭に際し、それが不公正な慣行などではなく、まともな理由によるものであることを私が述べ、ほとんど説得したときに、何人かの欧米の友人が言った言葉なのです。日本の輸出競争力はすばらしいが、長時間働き――人によってはその上長時間通勤し――、会社と同化して、プライベートな時間も楽しみも少なく、住宅も貧弱ということに辛抱しなくてはならないのか、というわけです。

上述の言葉は正直な感想であり、われわれにも反省させるものを持っていますが、そこから一歩進んで、それが邪悪な制度だとなると摩擦が生ずるのではないでしょうか。こうした異質論は、かつて全盛を誇ったものが他に追い着かれ始め、やがて抜かれるのではないかという危惧の念を持ち始めたときに出ると言えるでしょう。その際、追い着きつつある側が、そのことに有頂天になっていて、自分たちのやり方が新しく、よりよいものだという傲慢さを持っていることも一つの原因になっています。そうしたとき、追い着かれつつある側に、自らの文明、文化、あるいは生活様式——それを正確に定義し、言葉を選ぶことは不可能です——を守ろうという意識が出てくるように思われます。ハンチントンの議論について、そこにアメリカの焦りを見るという批判には正しいものがあると言えるでしょう。

新勢力の台頭と異質論の発生

こうして、文明論や異質論は世界での勢力関係の推移と関係していることが分かります。一つの勢力が他を圧倒するとき、「文明を広める使命」が出てくるし、かつて優越していたものが追い着かれ始めたとき異質論が出てくると整理できます。したがって、異質論は実は新しい勢力が台頭するときの問題の一つのとらえ方だということになります。そして、異質性よりも新しい勢力の台頭の方がより重要な問題だと考える態度の方が正しいと言えるでしょう。というのは、文明はもちろんのこと、国もそれぞれに異なるところを持っています。普通、人々はそのことを誇りにするのであり、そのことは先に述べました。他国の異質性についても、それに反発したり、惹かれたりします。

ところが、勢力の交替が起こりそうなとき、人間はまず対抗意識を持って、異質性を見いだし、そこに問題があると考えてしまう傾向があります。異質論は対抗意識を強め、自らを正当化するために使われます。だから、異質性を一応抜きにして、新しく台頭する勢力とその衝撃をいかに吸収するかに焦点を絞った方がよいのです。先に述べたように、十九世紀から二十世紀にかけての時期はドイツの異質性が問題になった時期でした。しかし、それはドイツが台頭した時期だったし、そのようにとらえ、対処した方がよくはなかったか、と考えられます。

私の尊敬するイギリスの歴史家バターフィールドはその趣旨の論文[*7]を書いています。二十世紀の初頭、イギリス外務省では、ドイツがヨーロッパ制覇を目指している覇権主義の国であるとして、対抗すべきだという意見が支配的になりつつありました。ドイツの外交には乱暴なところがあったことは否定できません。しかし、少し前まで外務次官をしていたサンダーソン伯は、そのように決めつけるのに反対しました。

「確かにドイツは用もないのに海軍を建設し、植民地を作ろうとしているし、外交ではイギリスと協力するのではなく反発し、裏をかこうとするところがある。しかし、歴史を見れば、そうしたことは統一に向けて長く努力した後、それに成功し、最近になって大国に真実に仲間入りをした国の行動なのではなかろうか。大体、大国には膨張する傾向があるもので、ドイツだけがそうだというわけではない。事実、イギリスとフランスの方が一八七一年以降、より多くの植民地を獲得してきたのではないか。それなのに、ドイツを膨張的と決めつけるから、それが不当に大きな脅威に見えるのではなかろうか。ドイツの大国としての自然の野心を認め、時間をかけて交渉して行けば、英独間の妥協は可能だ」とサンダーソンは論じたのです。

バターフィールドはサンダーソンの考え方を「より歴史的な考え方」として評価し、それが他の人々によって入れられなかったところに、第一次世界大戦の悲劇の一因を見たのでした。歴史学の論文ですが、現代にも完全に妥当するものなのです。特に、やがて中国が大国であることが明白になるとき、サンダーソンの議論におけるドイツを中国と読みかえれば、正しい指針になると私は思います。特に、アメリカ人がそうすることが必要でしょうが、イギリスが失敗したように、それは難しい課題です。

国際経済と異質論

以上は権力政治にかかわることですが、国際経済においても同様のことが当てはまります。それは日本に直接かかわることですが、日本の場合、関連が一様ではありません。まず、新興勢力としての日本という面がありますが、アメリカの一部の議論に、バターフィールドがイギリス外務省について指摘した傾向があることは否定できません。もっとも基本的には、日本の貿易収支黒字を大きく問題にするのがおかしいので、イギリスもアメリカもかなりの黒字を長期にわたって記録し続けていました。それがなにか日本だけの特殊な現象のように言われると、「より歴史的な見方」をして欲しいなと思います。

ただ、既成勢力の対応に問題があるとしても、それは日本が正しいということにはなりません。むしろ、既成勢力が反発し、新しく台頭する勢力を抑えるのは当然のことで、それにうまく対処して、地位を固めるにはどうしたらよいか、を考えるのが新しく台頭する勢力の課題だと言えるでしょう。この場合も、異質論にとらわれず、それに反発もせず、黒字国のあり方を一般的に追求した方がよいように思われます。

具体的には、アジアを中心として新興工業諸国がさらに伸びたときに、保護主義が一層強まってくる恐れがないわけではありません。その結果、当然ながら輸出が増えますが、それが先進工業諸国の保護主義を引き起こす可能性は、残念ながら、決して小さくはありません。先に書いたように、アジアをはじめとしてかつて開発途上国であった国々が伸びることは世界にとってよいことです。しかし、後発国の輸出が伸びることによって圧迫される先進国の産業は、その国の政府に対して保護を訴えるでしょうし、その声が強力なものになる恐れは少なくありません。実際、フランスなどでは立派な経済学者が、フランス人の生活を守るためには保護主義しかないと論じていて、誤った議論と簡単に片づけるわけにはいきません。他国が豊かになれば自国は豊かになれるのであり、その場合新しい職が出現すると言うことはできるし、基本的にその主張は正しいのですが、その過渡期はどうなるのかという問いには簡単には答えられません。かつての開発途上国が経済成長し、大きくなるとき、それを国際経済にどのように吸収するかは、大問題なのです。

そのとき異質性を強調しない方がよいと思われます。確かに、その方が自らの議論に正当性が加わるように思えるでしょう。しかし、それは議論を感情的にさせ、ただでさえ難しい問題を一層解決し難いものにします。それに異質性は確かに存在するが、しかし、それは必ずしも決定的なものではなく、逆に共通性があるからです。特に近代文明はそうです。

世紀の変わり目、アメリカに生きた大経済学者ヴェブレン[*8]はそのことを予言しました。

彼はドイツの異質性について――そしてついでながら日本の異質性について――それが両国の経済成長のあまりもの速さによるところが大きいと述べました。近代工業が作られ、企業もできるが、古いものもあって、ムラの社会組織が続く。そこに強さが生まれるのだが、そうした組み合わせは長続きはしない、と彼は述べました。というのは、産業社会は労働者に相当高い知識力を要求するものであるので、高い教育水準やかなり正しい情報の供与が要求されるからです。それは人々を旧来の紐帯から離脱させ、個人主義的にさせるだろう。いや、既にそうした要因はあるので、そうでなければ産業化に成功するはずがない、と彼は論じました。

日本の「文明」はそれほど特異ではない

現在、日本で起こりつつあるのは正にヴェブレンの正しさの証明ではないでしょうか。例えば、終身雇用や会社中心主義の生き方はムラの組織を企業に持ち込んだものであり、日本経済の活力の源泉になりましたが、最近変化し始めました。それは仕事の性質が変わって、チームワークとともに個人の創意が要求されるようになり、他方、生活が豊かになって、社宅にしても大部屋や四人部屋に住むのではなく、個室、または個人住宅に住むようになったというような変化によるものなのです。

さらに、私は元来、文明がそれほど特異なものではない点を強調したい、と思います。まず第一に、われわれが「日本的」とみなし、そのように語っているものは、大体のところそれほど日本的なものではありません。まず、時代による変動が大きいのです。例えば、柳田國男が『明治大正史』で書いているように、われわれが口にする食事は明治以降随分変わりました。寄せ鍋は昔からの日本料理のように思われますが、実はそうではありません。それは近代型の家族とともに一般化したものなのです。だから、核家族がさらに小さくなるとき、鍋料理は家庭から姿を消すかも知れません。

終身雇用の制度も日本に昔から存在してきた制度ではありません。イギリスの社会学者ドーアがかなり前から強調してきたことで、*9 なかなか人の耳に入らなかったのですが、終身雇用が一般化したのは第二次世界大戦後のことにすぎません。それまでは、一部の企業で行われていただけです。それは敗戦によって加速された急激な社会変化の中で、人々の忠誠心を獲得する必要と、絶えざる技術革新に対応するため、社員の継続的訓練をしなくてはならなかったという事情があり、他方雇われる側では安定性を求めたと同時に、同じ所で真面目に働いていれば、生活が着実によくなると信ずることができたためだと言えるでしょう。それは決して日本古来の制度ではなく、したがって状況が変われば制度も変わるでしょう。

第二に、「日本的」とみなしているもののなかには、日本的でないものも入っています。終身雇用には「家」という伝統的制度に由来する性質もありますが、それだけではありません。それが戦前に近代産業で用いられ、戦後に一般化したことが示すように、そこには勤労者の権利の保障とか、合理的で客観的な基準での人事といった要素が入っているのです。それらは外来のものと言ってもよいのです。

そして、われわれが日常日本的と思っているものの多くに、無数の外国のものが入っているのです。歌もそうだし、言葉もそうです。日本の古来からの音楽は四《ヨ》七《ナ》ヌキ、すなわち、ファとシとがない五段階音階なのであり、今の七段階は欧米のものです。それをマスターするのは大層難しかったが、今では誰も意識していません。こうして私は、文明、少なくとも力強い文明はアマルガム（合金）だと思います。純粋で、他に類例のないようなものは、大体のところロクなものではありません。

文明の挑戦と対応

このことはヨーロッパについて言えます。今日ではヨーロッパは古代からの文明の主流のような顔をするときがありますし、近代文明は間違いなしに自分たちが作ったと考えていますが、その近代の初めであるルネサンスは、イスラムの多くの文物が入ってきたことが刺激になったのですし、そうした外来物の中には数学のようにものの考え方にかかわるものもあったのでした。第1章で紹介したトインビーは、歴史は文明間の挑戦と対応によって動くと言いましたが、まったくその通りだと思います。

それが可能となるのは、一般化してとらえれば共通のもの、似たようなものがあるためです。先にお話しした終身雇用について言えば、組織に構成員の忠誠心と継続性が必要であるということがその基本的な原理です。だから、人が盛んに転職するというイメージの強いアメリカにも、終身雇用と言ってよい制度が存在するのです。他の点を含めて、ドイツの産業組織は日本のそれとかなり似たところが多いのです。こうして文明は合金ですし、内的必要および外的挑戦への対応から発展するものなので、共通点も実は多いのです。私たちはその点を見失わないようにしなくてはなりません。

それでは、異質性や文明といったものはなんら問題ではないのか。それを問題にすることは、具体的に言えば人権とか社会の体質を問題にするのは逆効果でしかないのか。そこまで言うのも誤りだと思われます。確かにアメリカの問題の取り上げ方に強引なところがあったことは事実です。しかし、アメリカの主張は現代の根本的課題への一つの対応の試みという性格をも持っています。

基本的ルールと文明

ここですなわちアメリカの強引さとは、その行為が内政干渉である、ということです。内政不干渉の原則は、国際法の基本原則ですが、それは人類が歴史的に形成した叡知《えいち》なのです。というのは、例えば各国がその秩序を維持する仕方は一様ではありません。例えば、犯罪の定義や処罰の仕方はさまざまであり、死刑のある国もない国もあります。それを各国が他国のやり方を「好ましくないもの」として問題にし、注文をつけるなら、限りない口論が始まり、国際社会の雰囲気は害されるでしょう。しかも、外的な力によってある国の国内制度に影響を及ぼそうとすることは、ほとんどの場合、事態の真の改善をもたらしません。特に自由の諸制度はそうなのであり、それは性格上輸出不可能なものなのです。

こうした基本的原則を尊重しなかった点でアメリカはおかしいのですが、ほとんどのエラーには理由があります。全体としてアメリカがおかしな国ならば非難するだけで済みますが、アメリカはそうではありません。もちろん、唯一の超大国のおごりが新政権の人々に取りついた面もありますが、それは大した理由ではありません。アメリカが他の文明に対して明らかに差別的であれば、偏狭さの生み出したものと言えますが、アメリカは元来移民の国であり、今なお大量に移民を受け入れています。ものの見方も多様性を尊重するのであり、それはシンガポールのむち打ちについて、「ロサンジェルス・タイムズ」が行った世論調査では、シンガポールの措置を是認する人々が、反対の人々を僅かながら上回ったことに表れています。

まったくアメリカは不思議な国です。すばらしい進取の気象があり、存在としての開放性があるのですが、同時になにか偏狭なところもあり、自国の原則を押し付けるように見えます。しかし、私の見るところ、それは決して矛盾しません。アメリカは確かに理念主義の国です。それが押し付けがましい行動をも生むのですが、理念主義はどこから生ずるのでしょうか。それは、アメリカが多様な人種と信条の持ち主から成り、しかも自由な交流を信じて作られているので、それを統一するためには共通の理念がなくてはならないからだ、と私は思います。

実際、素直に見るなら、アメリカには奇跡のようなところがあります。あれだけ多くの、そしてきわめて多様な人間が広い場所に住み、それでまとまっているのは、少なくとも、われわれ日本人の常識を超えるものである。それが可能となってきたのは、まず進歩と合理性を信ずる理念があり、次に問題が起こっても討論と法的手続きによって解決できるという信念があるからなのです。合理的に議論し、それによって行動して行けば必ず社会は進歩する、という考え方は、いささか甘い楽観主義という面を持っています。[*10] 世の中には時として、議論をすればするほど紛糾するような難問があると考えるのがむしろ普通なのです。しかし、アメリカを好きな人は、結局のところ、その普通でないところに惹かれるようです。逆に、なんとなくアメリカになじめないという人は、その討論の騒がしさや訴訟好きに違和感を感ずるのです。好き嫌いは別として、そこにアメリカの特徴があるし、それゆえ、アメリカという存在は今後の世界のモデルのようなところがあると私は思うのです。

世界には明白な多様性があります。しかし、世界経済は一体化しました。経済交流は地球的規模で行われています。したがって、なんらかの共通の理念、あるいはルールのようなものがなければ、世界化した営みは奇跡ではないでしょうか。そのことは情報がほぼ完全に閉鎖されている国との共存が、いかに難しいかを考えてもらえば分かりますし、また、人権についても、それを押し付けるのは良くないが、しかし、十何億もの人々が明白に人権を侵害されている状況では、世界は決して安定しないのです。国際的な経済的相互依存は、そこで活動する種々の主体の行動になんらかの制約を与え、秩序を与えるルールや機構があって、初めて円滑に機能するものと言うことができるでしょう。

世界化とアイデンティティ

その際、異質性、あるいは文明間の相違が、問題にならないと言うことはできません。ここでハンチントンの論文にやや詳しく触れることにします。彼が「文明の衝突」を予測した理由のうち重要なものは、私の見るところ二つあります。

その一つは、文明が異なるということは、神と人間、個人と集団、市民と国家、親と子、夫と妻などについての見方が異なるということであり、また権利、義務、権威、平等、階層秩序（ヒエラルキー）などについて、それぞれに与える重要性が異なるという指摘です。

その相違は、国際的相互依存のルールを作るときに、摩擦の原因となるでしょう。例えば、個人を集団より重く見る文明では、人権の抑圧は全人類的な問題とみなされるでしょうが、逆に、集団を重んずる文明の場合には、他集団がそれを問題にすることは内政干渉ということになるでしょう。もっとも、個人と集団とは、どちらに重きを置くかは理論上は言えても、実際的には程度の問題でしかない、と考えるべきです。

いかなる社会も、個が完全に埋没してしまうようなことにはならないし、そうなれば破滅します。逆に、個が利己主義を貫くときにも結果は同じです。だから、個人と集団のどちらから発想するかは、思考の過程の問題なのであって、絶対的なものではありません。

理念だけ見ると正反対でも、実際はそう違わないということが、この世の中には沢山あります。しかし、程度の差であっても差はあるし、ある状況下では人間は理念型に従って思考をすすめます。こうしてさまざまな文明の相互依存を律するルール作りは簡単ではありえません。

ハンチントンのもう一つの論点は、相互依存が増大する反面、人々がアイデンティティをより強く求めるようになっているということで、この点は第3章で触れました。そして、ハンチントンはいわばその中間として、経済的地域主義（リージョナリズム）が強まっており、それは文明の意識を強めつつ、それに基づくものになるだろうというのです。それゆえ、人々は文明にアイデンティティを求めることになり、その結果「文明の衝突」は激しいものになるということになります。私自身は、その結論には賛同しかねるものの、国民国家よりも大きな単位が必要であると同時に、世界にはアイデンティティを求めえないことは、確かにその通りだと思います。そして、そのより大きな単位がしばしば文明の範囲になりうることも少なくないでしょう。

その点に関して、アジアに経済ブロックが出現する場合、それは中国を中心とするものであって、日本はその独自の文明ゆえに中心になりえない、といった指摘はまことに鋭いものがあります。また、彼が言う「引き裂かれた国」、すなわちどの文明に帰属すべきかが、歴史的な理由から不確かな国々――トルコ、メキシコ、ロシア――が苦況に立っているという主張も、同様に示唆的です。

しかし、最も重要なのは、世界化とともにアイデンティティの問題が緊迫性を増したという点で、そこに、二十一世紀にかけての人類の最も深刻なジレンマがあります。地球人であることにアイデンティティを見いだすといったことは、よくて人間性を無視した空論、多くは無責任な議論です。

国と文明とブロックは一致しない

このような難問に直面している人類にとっての危険は、ルールを作成する際に自分の価値観で物事を推しはかり、それを押し付けようとすることです。アメリカにそうした傾向があることは先に述べました。しかし、それと同時に、異質性の問題を無視することも楽観的にすぎます。人間は無意識のうちに自分の価値観によって物事を判断するところがあるからです。人類が共通性を発見するとしても、それには時間がかかります。文明の遭遇がすばらしい合金を生み出すとしても、その過程では摩擦が起こり、闘争さえあったことを歴史は示しています。しかし、そうだからこそ、文明の遭遇の積極的な面を忘れないように、常に心がけなくてはならないのです。

より重要なことは、文明間の抗争について、それは確かに存在するが、その帰結は相手を打ち負かすことによって決まるわけではないという事実です。文明の研究に関して、なんと言ってもトインビーが第一人者で、その膨大な著書は多くの示唆を与えてくれます。そのトインビーは文明の盛衰は結局その内部で決まる、と書いているのです。

先のことは歴史を通じてそうであったが、今日は特にそうだ、と私は思います。一つには、核時代になって、覇権決定のための戦争はなくなった、と考えられます。それに文明とブロックとは必ずしも一致しません。恐らく、ハンチントンの最大の誤りは、今後の趨勢が経済的地域統合にあるとした後で、その統合を一九三〇年代のブロックや、冷戦時代の東西両陣営と同じようなもの、すなわち、強固なまとまりを持ち、他に対するもの、あるいは排撃するものと考えてしまったことにあるのではないでしょうか。これまでの状況で作られた概念に引きずられてしまったとも言えましょう。

現在は世界化の時代であり、それは情報・交通手段の著しい発展という客観的な事実に基づいています。そうである以上、強固なブロックにはなりえません。ブロック内の関係はもちろん大切だが、異なるブロックの国々や諸地方ともつながりはあるし、それゆえブロックだけで完結するということはありえません。私の見るところ、アジア・太平洋圏の将来についての最も適切な警告は、それだけでは完結しない、というものだと思われます。

それに文明は政治的単位ではありません。権力闘争は権力の所在である国およびその連合体が行うものです。国やブロックと文明は性質が異なるのです。それが一致することがないとまでは言えませんが、まずありえません。文明とブロックが一体になれば、その間の闘争は激烈なものとなるでしょうが、多分一体化することはありえません。文明はブロックの形成上、重要な要因だが、二つの点で同じではありません。まず性質が異なります。また地理的な範囲が重なるとは限りません。だとすると、国や文明の盛衰は、その内的要因によって決まるところがほとんどだということは、現在ますます妥当するように思われます。

これらの点に注目して、もう一回われわれと関わりの深い地域の現実の政治に目を戻すことにしましょう。

＊1　通商関係において、AがBから受ける関税その他の待遇は、Bがその他の国々に与えるものより不利であってはならないことを約束する条項で、通商協定や航海通商条約の第一条に規定される。

＊2　Samuel P. Huntington, "The Clash of Civilizations?", *Foreign Affairs*, summer 1993. 邦訳は「文明の衝突、再現した『西欧』対『非西欧』の対立構図」として「中央公論」一九九

三年八月号に所載。
＊3　引用はトゥーキュディデース著『戦史』久保正彰訳、岩波文庫、一九六六～六七年、から。
＊4　引用は『ポオル・ヴァレリィ全集』第七巻、佐藤正彰訳、筑摩書房、一九四二年、から。
＊5　アンドレ・シーグフリード　André Siegfried（一八七五～一九五九）。フランスの経済学者、政治評論家。国際連盟フランス経済部長、コレージュ・ド・フランス教授を歴任するとともに、「フィガロ」などの編集にも携わった。一九二七年出版の『今日のアメリカ』は有名で、ここで紹介したのはその一部だが、それ以外にも各国の事情を巧みに紹介した評論が多い。
＊6　＊4と同じ。
＊7　ハーバート・バターフィールド　Herbert Butterfield（一九〇〇～七九）。歴史家でもあり、イギリスにおける国際政治学の創始者のひとりでもある。論文は、Alberto R. Coll, *The Wisdom of Statecraft*, Duke University Press, 1985. に紹介されており、引用もそこから。
＊8　ソースタイン・B・ヴェブレン　Thorstein Bunde Veblen（一八五七～一九二九）。アメリカの経済学者。経済制度の進化論的研究を志し、制度に力点を置く制度学派経済学の創始者となった。主著に『有閑階級の理論』小原敬士訳、岩波文庫、一九六一年、がある。ここに紹介したのは、論文「日本の機会」から。
＊9　ロナルド・P・ドーア著『イギリスの工場・日本の工場』ちくま学芸文庫、一九九三年。
＊10　例えば、フランスで早くから親米派になったミシェル・クロジェは、アメリカ人たちが

真理を求め、率直な討論によってそうしようとしていたこと、およびそれを可能にする寛容主義に強く印象づけられた。幸せだったアメリカには無限の社会の進歩と真理、合理性を信じようとする夢があった。もちろん、合理性への信念は必要で、2の二乗が4であると信じなければ、議論にならない。しかし、クロジェはそれが幻想にも通ずること、「あまりにも容易に、既に妄想に近いいくつかの公式」を引っ張りだすことになる、と指摘している。生活のうえでは法原則が中心となる。「人間の自由と幸福を求めるアメリカ人に、その可能性を保証してくれるのが手続きの規律なのである」。そしてクロジェが「フランス人にしても欧州人にしても、このとてつもない思想を自分のものとすることはできないだろう」と書いているのが興味深い（ミシェル・クロジェ著『アメリカ病』大空博訳、読売新聞社、一九八二年）。

第12章　固定観念を避けて

民主主義とは

多様なものが地球の中で相互依存状態に入り、しかも変化が激しい現在の国際関係において、なによりも危険なものは固定観念、特に政治・経済制度についてのそれです。それは歴史上のある段階において、ある文明で生まれたものをもって基準としてしまうからです。そうした制度として、現在最も広く普及しており、望ましいものとされている民主主義を、私は取り上げたいと思います。フランシス・フクヤマ[*1]が『歴史の終わり』で述べたように、冷戦が終わった後、自由民主主義が唯一の望ましい政治・経済制度とみなされる傾向があります。長い歴史的過程を経てそうなってきたのですから、それは重みのある事実です。しかし、民主主義がすべて優れており、それが世界に広がることは疑いないと断定することは、いくつかの意味で正しくありません。

まず、先に述べたように、現在の世界はまことに多様なものから構成されています。同じ国家といっても、人口、その国の広さ、富の程度といったものが著しく異なることは、誰の目にも明らかです。さらには歴史が異なり、宗教もさまざまです。それらがすべて同じ政治・経済制度をとるようになると考えるのは非常識だと言うべきでしょう。そして、一つだけの物指しで測ると、現実を大きく見誤ることになります。第二に、その抗争の側面を強調することは文明の興亡についても見誤ることになりがちです。前章で紹介したトインビーの言葉はきわめて味わい深いものです。特に文明の盛衰が内的要因で決まるということに加えて、「内的な自己決定の欠如」によって衰えるとしているところに注意してください。

私の見るところ、現在はその「内的な自己決定」が難しい時代であり、その基本的理由は世界大の相互依存にあります。交流によってさまざまなものが流入し、それによって影響を受けるなかで、「自己決定」がなされなくてはならないのであり、それはきわめて難しいことです。その一例をわれわれは決定の単位に見ることができるのであって、相当の大きさがないと外の力に影響されすぎるので自己決定能力がなくなるが、しかし、大きすぎる単位においては決定が難しいということになります。そのジレンマに対応する仕方はさまざまなものがあります。

第三に、民主主義が最善のものと考えられてしまうことに危険があります。先の所説のなかでトインビーは「内的な自己決定の欠如」をもたらすものとして、自らがその制度を「偶像化」することを強調していることが注目されなくてはなりません。彼はその例として、古代のアテネと近代初頭のヴェネツィアを挙げています。これらは、自然的、人間的な挑戦に打ち勝つことによって成功し、すばらしい文化を作り上げたのですが、そうしたとき人々はその成功に酔い、自分たちより優れたものはないと考えるようになりがちです。アテネが自らを「ヘラスの教師」と称したことはそうした心理を如実に表しています。しかし、世の中は変転してやまず、間もなく新しい難問が出てくるのであり、そのとき、自己を偶像化してしまった国は対応に失敗するのです。こうした偶像化は特定の制度あるいは特定の技術についても行われ、いずれも文明の衰弱をもたらす、とトインビーは書いています。民主主義という制度についても同様の落とし穴が存在するのではないでしょうか。

もちろん、民主主義はよい制度の基本的条件をかなり満たすものです。すなわち、自由とか平等とか基本的人権といった価値を民主主義の制度は実現するのに適したものであり、だからよいのです。しかし、制度と価値は同一ではありません。文字通り民主主義ではなくても、そうした価値を体現するものはあるし、逆に民主主義という制度においてもそうした価値が実現されないこともあるのです。

そのことを古代からの政治思想家は認識していました。例えば、ギリシャの哲学者アリストテレスは、民主政は衆愚政に堕《お》ちやすく、その反動として僭主政が生まれると述べています。なお、アリストテレスは政治制度を統治者の数で分けているのですが、それが一人のときにも、悪い政治の僭主政に対してよい政治の君主政があるし、同様に数人のときには、寡頭政と貴族政、多数のときは衆愚政とポリスの政治としていて、どの政治制度もうまくいくときもあれば、堕落してしまうこともあるとしていることが注目されなくてはなりません。

私の尊敬する十八世紀のフランスの思想家モンテスキュー[*2]も民主政、貴族政、君主政に優劣はつけずに論じています。彼は貴族政と結びついた王政を好んでいたようにも思われますが、より重要な点は、これらの政体がそれぞれ異なる原理の上に築かれるものであり、それがおかしくなると政体は腐敗するので、それゆえ政体が腐敗する理由もそれぞれに異なるという考え方をしていることです。民主政の原理は共和国への愛であり、平等の愛であるので、豊かになり、不平等が大きくなるときに腐敗します。モンテスキューがその際、平等の精神が失われるときと同様、極端な平等の精神が支配するときにも民主政は怪しくなるとしているのは、彼の思考の深さを示しています。なお君主政の基本原理は名誉、貴族政は節制であり、それらが腐敗するとき、政体も腐敗するということで、経済活動、法律、教育もそれぞれ政体に合致したものでなくてはならない、と具体的に論じているところが『法の精神』を特徴づけるものとなっています。

もちろん、十八世紀後半と現在とでは状況が異なるし、モンテスキューの考えをそのまま適用することは到底できるものではありません。しかし、政治・経済体制を考える際の彼のアプローチは正しく、示唆的であり、そこから多くを学ぶことができるものなのです。少なくとも民主政が最良だと、簡単には言わない心構えが必要だ、と言えます。

中国の断層性

そうした心構えは、まず、中国の現状を認識し、その将来を考える際に必要です。というのは、中国の将来を考えるとき、それが民主化するのか否かを中心的な問題にする傾向が、一部にありますが、私にはそれが問題の立て方として適切だとは思われないのです。確かに、現在の中国は民主主義ではありません。その際、民主主義とは何かということが問題になるでしょうが、統治者が選挙によって選ばれることと、言論の自由がある程度保障されていて、政府を批判することができるという二つが、民主主義の条件だとするのが一般的な見方です。この二つの条件が満たされればそれでよいというわけではないが、それがなければ民主主義にはなりえません。そして今日の中国は選挙に関係なしに共産党が統治する点で、明らかに民主政ではなく、独裁政もしくは専政です。言論の自由は保障されていません。それは天安門事件[*3]において、流血を伴って示されたし、その後も反体制運動家への抑圧は続いています。

そうした存在は世界に違和感を与えます。中国が専政ではなく民主主義になれば、多分、つき合いやすい国となるでしょう。それに、ヴェブレンが述べたように、産業化は民主主義の方向に社会を動かします。だから中国も今のままの専政が続くということもまずありえないでしょう。産業化は社会を流動化させ、人々の自己主張を強めるので、政府は民意を吸収して統治しなくてはならないのです。しかし、民意の吸収と言っても、さまざまな形と程度がありえます。よい民主主義もあれば悪い民主主義もある。混乱だってありえます。逆に専政でも、ひどく悪い専政もあれば、それほどひどくない専政もあるのです。

そして予見しうる将来、中国に民主政という制度が行われるとは考えられません。その基本的な原因は、単純なようですが、中国の人口の大きさにある、と私は思います。昔から多くの政治思想家は巨大国家は共和政になじまず、専政になりやすいと考えてきたし、そこには重要な事実が含まれています。民主政は国民の政治へのある程度の参加とかなりの同質性を必要としますが、巨大な国家の場合にはそれは容易ではありません。

実際、中国は同質性ではなく、断層性によって特徴づけられてきたし、そうした特徴は今でもあるというのが中国研究家の見解です。天児《あまこ》慧《さとし》[*4]氏は、四つの断層性を指摘しました。①都市と農村の経済的、政治的、社会的、文化的、価値的な断層、②エリートと民衆の断層、③高度に制度化した中央の統括システムと広範なきわめて非制度的な人間関係、④政治重視、経済軽視という観念によって作り出された政治と経済の断層、がその四つです。このうち、①と②が中国の巨大性と関連していることは明白です。

まず①について、少々説明するなら、中国の大部分は農村ですし、今もそうです。共産主義革命があった一九四九年の都市人口は全人口の一〇%強で、歴史的に大体そのようなものであったと考えられています。その比率は一九八〇年代までに二〇%強へと増えましたが、穏やかな増大と言えるでしょう。そうした都市は、政治的な理由で、最近はそれに上海、香港、広東で見られるような外在的な理由で、作られ、伸びたものです。もし他の国々で見られたような急速な都市化が起こったならば、状況は著しく流動的なものになるでしょう。最近の産業化の進展に伴って、農村からの出稼ぎ労働者――「盲流」[*5]と呼ばれます――が一億になったことが警戒の目で見られていることは理由なしとしません。

②については、そうした巨大な存在にありがちなことと言えるでしょう。そこに、漢字が使われたことも作用しています。それは他の国の国語のように話し言葉を制度化し、文字にしたものでなく、きわめて難解なものですから、そうした文字を知っている人が少数

になり、断層ができたことは自然の成り行きです。

③は巨大な存在を統治するための一つの工夫と言えるかも知れません。中国の統治は強い組織を作り、固い原則を打ち出しますが、そうしなくては巨大な帝国の統一が難しくなるからです。しかし、それだけでは柔軟性に乏しいし、それに巨大なものの各部門の実情にも合致しないことになります。そこで、人のつながりが重要になり、また、地方的事情が考慮されざるをえないのです。最近、中国では「中央に政策があれば、地方に対策がある」という言葉がよく用いられていますが、それは実のところ昔から続いてきたことであり、一つの知恵だ、と言えるでしょう。もちろん、それは裁量が多すぎるので、コネを重要ならしめ、さらには腐敗を生むものでもあります。

超大国か大混乱か

全体として中国は巨大で重い統治機構の危険を認識して、広く浅く統治してきたと言うことができます。しかし、産業化はそうした統治を困難にさせます。人々は盛んに動き回り、強く自己を主張するようになるからで、かつての農村の人々のように「眠って」いてくれないからです。だから、どのような統治機構を作るべきかの答えは難しい。中国は歴史的な挑戦に直面していると言っても過言ではありません。この点、中国について、この十五年間の経済成長との関連で、一方では中国が二十一世紀の超大国になるという中国脅威論とともに、中国が一大混乱に突入するのではないかというシナリオが提示されていることは、きわめて興味深いものがあります。

経済成長が続き、中央集権が強固であれば、確かに中国は超大国になるでしょう。しかし、それに挫折すれば大混乱になります。より可能性の高いのは、経済成長の結果これまでの統治構造が機能しなくなって、多少の混乱が起こり、経済成長も減速するというものでしょう。鄧小平は、政治的安定がなければ混乱が起こるということで共産党の支配を守ることが必要だという立場ですが、経済成長が共産党の支配を揺さぶるという側面もあるのです。しかし、その場合、民主化が起こるかというと、そうとも考えられません。急速にその方向に進んでも混乱が起こるでしょう。

少なくとも、中国の政治指導者の多くが、そのことを恐れているのは間違いありません。中国には民主化への動きは存在してきたし、指導者の中にもその必要を認める人はありました。例えば、鄧小平は一九七九年に経済改革を始めた次の年の八月、民主化の必要も認めているのです。衆智を集めるのは経済発展のためによいことだし、民主主義は指導者の交替を円滑にし、人材を集めうる。また、権力の過剰な集中とそれゆえの官僚的停滞を防止するのに加えて、腐敗と個人支配の再現を抑制する、といった理由を鄧小平は挙げました。そして、上訴を制度化するとか、職場レベルや町村レベルでの公職を選挙によって決めるといった改革も行われたのです。これらの動きが民衆の活力を高めたことは中国経済の発展の重要な理由であった、と思われます。

しかし、本格的な選挙による政府を作るとか、言論の自由を求める運動が現れると、それはたちまち抑圧されたのです。そして、鄧小平は毛沢東と同じとは言えないが、やはり個人支配の性格を強め、過去の皇帝のようになってしまいました。一九八九年の天安門事件で行われたことは、一九八一年から一九八三年に行われていたのであり、世界のマスコミの注目を浴びなかっただけだとも言えるでしょう。民主化運動は強くはなりませんでした。この問題について優れた研究を行ったアンドリュー・ネイサンは、こうした現象の根本的原因は、共産党の支配を緩めることが無秩序をもたらすのではないかという恐怖であり、それは中央政府が弱体化したとき外敵に苦しめられ、支配されるときもあったという歴史の記憶によって一層強められている、と述べています。*6

ジレンマに直面する中国

ここにも、巨大さのもたらす難問をうかがうことができます。私は中国は古代にうまく作られすぎた巨大な帝国であった、と思うのです。それは強力な中央集権政府を作り、それによって統一を維持し続けてきました。ローマ帝国は滅びたが、中国はそうではなかった。しかし、その負の遺産も大きいのではないでしょうか。強力な中央集権機構が腐敗と停滞を生み、やがて混乱状態となって外部勢力の支配を受ける。そして、それに終止符が打たれたとき、混乱期の経験から再び強大な中央集権が打ち立てられることになったように思われます。中国はそのパターンを破るのか、それにしばられ続けるのか、それが歴史的な挑戦なのです。

中国の将来は地方分権に向けて徐々に、事実上の変化が起こるか否かによって決すると考えることができます。実際、今日の中国は既にいくつかの経済圏に分かれつつあります。それは経済成長の必要のもたらしたものであり、地方の省以下のレベルに相当大きな裁量権を与えることによって初めて、経済成長が起こってきた、と指摘する学者は少なくありません。なにしろ、広東省といっても人口は八〇〇〇万を超え、西ヨーロッパのどの国よりも大きいのですから、それが決定の重要な単位となっても不思議はありません。それもまた伝統的な体質と言うべきで、中国は歴史的に八つか九つほどの経済圏に分かれてきたことを学者は指摘しています。[*7]

そして、より小さな単位の中であれば、民意を反映させ、きめの細かい統治をすることも容易になります。ただ過去の帝国では政治的に強力な中央集権を必要視する傾向が強く、そこに微妙な問題が生じました。今日も基本的には同じで、混乱への懸念とそれゆえ歴史的に続いてきた中央集権を必要視する考え方から、文字通りの連邦制も不可能です。ありうるのは事実上の連邦制ということになります。この点に関し、一九九七年に返還される香港と、それに隣接し今日既に一つの経済圏を作っている広東省とが、中央政府とどのような関係に立つのかは重要なポイントになりそうです。

香港には言論の自由があるし、統治は英国から派遣される総督が行っていますが、他方、自由な選挙で選ばれた議員を含む議会もあります。返還後、香港は誰が統治するのでしょうか。香港の議会をより代表的なものにしようとする香港総督の提案に中国が強く反対したことが示しているように、中国は香港が民主化の先兵となるのを好んでいませんし、香港・広東地域に対する政治的支配を緩めるのに同意しないでしょう。しかし、香港を中国の他の部分と同じようにすることは、「一国両制」を認めた手前、容易ではありません。無理にそうすれば、この地域の経済的活力が失われる危険もあります。こうして、返還後の香港は中国全体のジレンマを集約するところがあるように思われます。人権についても、少なくともしばらくの間、事実上の事態の改善しかありえないし、それが重要ではないでしょうか。専政と一口に言っても、全体主義独裁と権威主義政府は随分違います。前者においては政府を支持しないと弾圧されるが、後者においては政府に公然と反対しなければ見逃してもらえるのです。

「文明論」の危険な使い方

こうして、自分の基準で割り切るのではなく、その国、その土地の事情を認識して、自分たちが重要と思う「価値」が少しでも充足される方向に行くように見守る、という態度が必要なのです。そうした態度はより困難な問題である台湾問題については一層必要です。私の見るところ、中国の将来を決める中長期的問題の一つはチベットと台湾との関係です。チベットはあらゆる点から中国ではなく、その独立運動がさらに強まったとき、それを力で押さえつけようとするなら、有形無形のマイナスが生ずるでしょう。台湾は間違いなしに中国の一部ですが、歴史的理由により、まったく異なる政治制度を持っています。台湾は法的には国ではないが、現実には独立した政府が存在します。それを強引に統一しようとするようなことがあれば、そのマイナスは測り知れないものであり、命取りにさえなるかも知れません。

しかし、他の国々がチベットを独立させ、台湾を独立国として承認しようとすることはよい結果をもたらさないでしょう。台湾は人口も二〇〇〇万を超して大きいし、経済は強力で、外貨保有高は世界で一、二を争います。したがって、台湾の人々がその旨の意思表示をすれば独立国として扱い、国際連合に入れる要件は整っています。しかし、それは先に述べた中国の指導者の分裂と混乱の恐怖を呼びさますことになるでしょう。事実上は国だが、法的にはそうではないというのは奇妙だし、誰にとってもすっきりしませんが、しかし、黒白をつけようとすると状況が悪化するなら、その奇妙な状況を続け、中国人自身がなんらかの新しいフォーミュラ（方式）を作るまで待つしかないように思われます。

このような考え方は、賢明な外交を可能にするだけではありません。恐らくより大切なことに、その方が自らの健全さを確保するのです。というのは、他の文明の「脅威」を口にする者はしばしば自らへの真実の自信に欠いた人たちです。私も教えたことがあるアメリカの若い学者は、大正時代にアメリカン・デモクラシーが強力なモデルを与えたとき、山県有朋とか寺内正毅といった日本の寡頭支配者たちが、「文明の衝突」について語ったことを指摘してくれました。[*8]

シンガポールの外交官マブバニは、ハンチントンの「文明の衝突」への反論[*9]の中で、ハンチントンが、自らの制度と価値の中核が弱体化しつつあることを十分認識せず、西側のそれを最高のものと思っているのが問題だと論じました。財政上の規律は消滅して、財政赤字は増え続けているし、勤労倫理も崩壊しつつある。それは民主主義の弱点の表れではないだろうか。また、個人主義を絶対視する傾向があるが、それは個人を引き止める社会制度を崩壊させるものであり、そのために犯罪の増加や離婚率の増加が見られるのではないか、と彼は論じたのです。

この議論は少々言いすぎで、文明論を相手の非難のために使ってはならないという原則を、彼自ら主張しているうちに破ってしまったところがあります（彼の名誉のためにつけ加えるなら、彼の次の論文の雰囲気は随分違います）。しかし、ハンチントンにその傾向があることは疑いありません。そうではなくて、文明は自らの欠点を克服し、長所を伸ばすことによって、自然に影響を与えることを望まなくてはなりません。マブバニが指摘したような問題は「文明病」とも考えられるものであり、したがってアジア諸国もやがては無関係ではありえないかも知れません。そうした議論が民主化を抑えるために用いられるならば、アジア諸国にとって不幸なことです。ただ、西側あるいは先進工業諸国の人々にとっては自らの弱点を意識することは必要なことです。

利益集団自由主義

先進工業諸国の政治は確かに民主主義です。政府は選挙によって選ばれていますし、言論の自由も保障されています。しかし、その政治・経済制度はうまく機能しているとは言えません。そのなによりの表れは、政府の仕事が顕著な増大を示してきたのに、政府への信頼感はかえって減少していることにある、と私は思います。それは逆説的な現象です。数十年前には病気になっても貧乏な人々は医療を受けられなかったし、失業した場合には、それまでのささやかな貯えで暮らすより仕方がありませんでした。それが今日では医療保険のおかげで、相当の医療を受けることができるし、失業保険で最低限の生活はできます。だから、よい世の中になっていると言うべきなのですが、政府と政治家は不信の目で見られ、軽蔑されてさえいます。

もっとも、政府の仕事の増大と政府に対する信頼感の減少という、いわば反比例の関係は初めから存在したとは言えません。「福祉国家」は一九六〇年代には民主主義国家に繁栄と安定をもたらす上で大きな役割を果たしたのでした。だから、「福祉国家」や「積極国家」を作るために努力した人々は評価すべきなのであって、非難するのは筋違いというものです。ただ、すべての制度はやがて行き詰まるものだし、随分早くから予測されていたことでもあります。恐らく、問題の中心は政府の仕事の増大が、社会のあり方を根本的に変えたことに求められます。

昔から、政府はある程度の仕事をしてきたし、そのために財政がありました。しかし、それは警察、軍隊、鉄道、道路など、個人が自分の力だけでは購入できないし、自分のためにだけ用いることもできない財やサービスを提供するためのものでした。しかし、二十世紀に入って、その量が増大するとともに、質も変化することになりました。いつからその変化が始まり、どのように進行したかは国によって異なります。ヨーロッパの国々にとっては第一次世界大戦が転機でしたし、アメリカにとっては一九三〇年代の大不況でそうなりました。内容も国によって異なりますが、社会保障に始まって、経済活動を制御し、安定と成長をもたらすこと、税金による富の再分配、教育と、さらには科学・技術の振興、さらには「弱者救済」を代表とする種々の社会政策といったところは共通しています。

その結果、国民総生産の一割に満たなかった公共部門が次第に増大し、今では低い方の日米両国で四割弱、ヨーロッパでは五割を超えることになりました。つまり、現代国家はきわめて多くの資金を吸い上げて、多くを使う存在となったのですが、実はそれに税の優遇措置を加えなくてはなりません。例えば、アメリカの場合、医療は大半が私的保険によって行われていますが、その保険には税制上の優遇措置が講じられているので、統計上は私的なものとなりますが、実はそうではありません。

これらのことを、アメリカの社会学者ダニエル・ベルは「公共家族」(public household)と呼んでいますが、彼が強調したいのは、数十年前と比べてその性格が変わったことです。すなわち、それは私的な欲望を多く含むことになりました。特定産業に対する補助金は明らかにそうですし、教育や医療もそうです。それ自身は決して悪いことと断定するわけにはいきません。しかし、「公共家族」の量的および質的変化は新しい二つの問題をもたらすものでした。その一つは、私的な経済利益の多くが政治の場で決められるようになったということです。狭義の公共部門だけであれば、そのためにどこからカネをとるかだけが問題になるが、今では税制と予算をどのようなものにするかが、私的な経済利益と大きくかかわります。

そこで民主主義との関係が出てきます。民主主義では、政治家は選挙民によって選ばれます。その際、政治が私的な経済利益にかかわるようになった以上、その増進が票を集めるのに最も有効であるのは見やすいことです。さらに、ここで現代が組織の時代であることが関係してきます。政治家が票を集めるとき、バラバラの個人ではなく、組織された利益集団と結びつく方がはるかに有効です。こうして利益集団が大きな力を持つようになり、さまざまな利益集団の間の力関係で政策が決まるようになりました。アメリカの政治学者ロウィはそれを「利益集団自由主義」と呼び、それが公正や正義を実現するものではなく、政治を退廃させるのだ、と論じました。[*10]

確かに、現代の政府は国民に重要なサービスを行っているのですが、それが投票によって決まる以上、国民の必要や公正の見地からよりは、政治の場での力の強弱によって決まるところが大きくなってしまうのです。利益集団で決まる福祉国家では、巨大な資金を使いながら、元来の目的である恵まれない人々を支えるということも達成できない、という批判には正しいものがあります。そこに、大きくなりすぎた制度の複雑性ゆえに、その機能がほとんど誰にも分からないことが加わると、人々が政府に不信感を抱くのは当然のことと言えるでしょう。

国家の財政能力には限界がある

「公共家族」がもたらす第二の問題は規律の弱体化あるいは放縦ということで、今や世界に共通する財政赤字に表れるものです。実際、世界の実情を見ると心が寒くなります。イタリアとベルギーはかねてから財政赤字の累積額が大きく、ほぼ国民総生産に匹敵するだけありましたが、人々は弱い政府のもたらす異常現象だと笑ってきました。アメリカの財政赤字も大きかったが、冷戦の必要の然らしめるところで、やがて手が打たれるだろうと期待してきました。日本と西ドイツの財政は健全であり、スウェーデンも充実した社会保障制度にもかかわらず、赤字に悩んではきませんでした。

ところが、まず、ドイツが統一の大きなコストから赤字国クラブに仲間入りしました。それは例外的な事情によるものではありますが、しかし、ドイツが難局に際して節約といった手段をとれなかったことは否定できません。それに近年スウェーデンはにわかに大きな財政赤字を記録するようになり、このままいけば、イタリア、ベルギー並みになると言われています。アメリカは長きにわたって財政赤字の問題性が指摘されてきたし、冷戦が終わって財政赤字克服に向けての努力が開始されるだろうと期待されました。そしてクリントン政権は、その努力を公約し、人々に期待を抱かせたのですが、どうやら期待外れらしいという雰囲気が最近強まりつつあります。

財政赤字は構造的な理由、すなわち社会保障政策と民主主義の一側面である利益集団政治の結合のもたらすものであることは明白です。ダニエル・ベルが言うように、「公共家族」が公共の必要だけでなく私的な欲望までもが要求される場所となると、その要求は「公共家族」への政治的要求になりますが、その場合、要求を制約するものは何もありません。私的な欲望を私的に追求するときには、その人間の資金や借金の能力によって、要求は厳しく制約されますが、政府に要求をするとき、そうした制約はありません。全国民が自分と同じような程度に政府に要求するとき、国家財政は破産すると考えるような人はまずいません。逆に他の人が要求しているのだから、自分もそうしなくてはならないという競争が起こります。もちろん、人間には公共心もあって、財政赤字が大きくなるとき、それをなんとかしなくてはならないと思いますし、「赤字削減」には一応賛成します。しかし、具体的に何を増税するのか、あるいはその支出を削減するのかということになると、たちまち公共心は影を秘めるのです。

こうした問題は、一九七〇年代以降顕著になってきました。基本的には税金が高くなりすぎ、経済の機能障害の原因となると同時に、「反税闘争」を生み出しました。その結果、政府のサービスを要求する声と、減税を要求する声の両方が強くなって、財政の運営はますます難しくなりました。それでも、経済が早く成長していたら、まだなんとかなったかも知れませんが、成長率も鈍化したのです。

こうした状況をシュムペーターは、それが始まった第一次世界大戦後に認識し、そして将来を予言しました。

「国家の財政能力には限界がある。……もし、人々の意思が公共的な支出をさらに多く要求し続けたらどうなるだろう。個人の生産力を超えてしまうような目標のために、ますます多様な政策が要求されていったとしたら、そしてこういう希望について、もっと多くの力が集中していくとしたら、どうだろう。最終的に、国民のあらゆる部分が、私的所有についてまったく新たな概念を持つようになってしまったら、いったい何が起こるのか。このときには、租税国家は、進むべき道を歩みきってしまったことになろう。……この限界点に租税国家は必ず到達するだろう」[*11]

シュムペーターの予言は的中したのではないでしょうか。そして、彼が言うように、財政制度が危機に陥るのは、「既存の制度が崩壊し、新たな制度が生まれ始めているとき」に多く見られるのです。

こうして、民主主義についての安逸は許されません。それは「公共家族」の問題に答えを与えず、ある意味ではそれを悪化させてきたからです。

他の文明からの刺激

それではどうすればよいのか、確たる解答はありませんし、それを模索するのがこの書物の論題ではありません。私が指摘したいのは、民主主義をよしとする固定観念を持ってはならないということと同時に、さまざまな文明が共存することがそうした落とし穴に陥るのを防止してくれるのではないかということです。「未発達」のものが文明に惹かれるのは当然ですが、逆に「未発達」のものが伸びるから文明病患者は自分の病んでいるところを自覚できるのです。われわれ日本人もまた、それなりの教訓を学ぶことができます。アメリカのクリントン大統領が社会保障のマイナス面を語るようになったのはよいことで、それには「アジアの挑戦」も作用しているのではないでしょうか。

世界にはいくつもの文明があります。固定観念を持って、一つを絶対視しない限り、異なった文明の遭遇は摩擦やときには抗争さえ生み出しますが、基本的には人間が停滞し、眠ってしまわないよう、そして進歩のため努力するための刺激を与えてくれるのです。文明の歴史はそのようにして営まれてきたのです。

引き裂かれた国・日本

最後に、文明の視点から見た日本について少々触れたい、と思います。まず、日本の立場は決して強いものではありません。アメリカは明らかに大国だし、中国はそうなりつつありますが、両国に比べて日本の総合的国力は明らかに劣ります。現在は、日本の経済力は確かに大きいが、それは日本がアジアの中で産業化にいち早く成功したことによる点が少なくなく、やがてそのリードは大幅に縮まり、失われることさえ考えられないわけではありません。特にこの数年の日本経済の不調のなかで、そうした見方は多くの人々を悩ませています。

戦後から一九七〇年代の初めまで、日本は世界で最高の経済成長率を示してきたし、その後もごく最近まで、先進工業諸国の中では最高の成長率を示してきました。しかし、その面影は今はまったくありません。一九九四年の経済成長率は日本が最低でした。それに対して、中国をはじめとするアジア諸国はかつての日本を思わすような成長を遂げていますし、アメリカの復調も確実なものがあります。

もっとも、こうした傾向が今後も長きにわたり続くと考えるのは間違いでしょう。アジア諸国には挫折の危険があるし、アメリカも内に多くの問題を抱えています。大きな国には、そのために意思決定と運営が難しい面があるのです。だから、最近の日本人の懸念は過剰のものと言うべきなのですが、それが強いのは日本人の「すみか」、アイデンティティへの懸念に根本的な理由がある、と私は思います。すなわち、日本はアメリカとも欧州とも同一化できないが、アジアに安住することもできない存在なのであり、日本人はそのことを感じているのではないでしょうか。

明治以降、われわれは一時の例外の時期を除いて、「脱亜入欧」でやってきたし、戦後は明白にそうしてきました。そして、この五十年間で、経済水準に関する限り、その目標をものの見事に達成しましたが、しかし、長きにわたる経済摩擦が示すように、欧米の先進工業諸国の完全な一員にはなれませんでした。日米経済摩擦と、特にアメリカの中の日本異質論の心理的打撃は、そのために大きいのです。しかし、日本はアジアの完全な一員にもなれません。儒教文明圏と言われて、なんとなく、違和感を感ずるのはその表れです。

しかし、それは日本の宿命なのです。そもそも日本は明治以降に初めてアイデンティティに悩む存在になったわけではありません。中華世界秩序においても、日本はやはり「客分」でした。例えば十七世紀中葉以降の「鎖国」は普通日本が西欧諸国に国を閉ざしたとされますが、最近のいくつかの研究によると、中華世界秩序とも一線を画し、独自の国際体系を作ろうとしたものと考えられます。そして、鎖国の二百数十年間に日本はその経済的基礎を築いたのでした。それは島国の宿命と言えるでしょう。現在のわれわれの心理的苦況は、われわれが再びその宿命に直面させられたことに基づくと言えます。

先に取り上げたハンチントンの議論の問題点は既に指摘しましたが、さすがに立派な学者の論文なので、いくつかの鋭い指摘がなされています。特に「引き裂かれた国」というのがそうで、ハンチントンはメキシコとトルコを代表例として挙げていますが、日本もそうだと思われます。もちろん百数十年前は島国として「客分」であったが、その地理的状況とアジア文明の主流から異なっていたことを生かして「西欧化」にいち早く成功したため、今日ではアジア文明と西欧文明の間に引き裂かれた存在となっているのです。

日本のあり方

われわれはその宿命から逃げず、それに直面すべきです。というのは、「文明の遭遇」の時代に「引き裂かれた国」は意外に大きな役割を果たすことができるからです。先に私は優れた文明は「合金」だと述べました。「文明の遭遇」は「合金」を生み出すのであり、それによって歴史はよい方向へと進展するのです。しかし、「文明の遭遇」は人々にその文明の純粋性と、それゆえに他の文明との異質性を意識させ、強調させせます。現在その危険があることは間違いありません。そうしたとき、同一化する巨大文明を持ち得ない国が大きな役割を発揮しうるのではないでしょうか。具体的に言えば、日本はアメリカとアジアの仲介者となることを志すべきです。

確かに、アメリカとアジアの間の「文明の衝突」は憂慮すべき一つの可能性です。しかし、それは必然ではないし、また愚かでもあり、悲しむべきことです。アメリカはアジアの多くの国における人権無視を大声で指摘し、アジアはアメリカの退廃をこれまた大声で言い返します。しかし、それはおよそ無意味なもので、感情的対立を招くだけです。アメリカはときとして自らが人権を侵犯してきた過去――奴隷制と黒人差別はその最も明白な例です――を忘れているし、アジアは自分たちが近代文明を作るのに、結局は遅れたことを言いません。儒教だけでは近代文明は作れなかったのです。つまり、キリスト教も儒教も絶対ではないのです。それを知っているところに、あるいは知らなくてもそれを実行してきたところに日本の持ち味があるように思われます。

ただ、その持ち味を生かすために、日本は二つの点に留意しなくてはなりません。まず、われわれはアジアから学ぶ心を持つべきです。私がそれを重要だと思うのは、なによりも、他の文明から学ぶという姿勢が日本文明の原動力となってきたからです。明治以降の近代化の成功にしても、それは日本人が素直に西欧から学んだためでありました。ただ、その過程で人々はアジアを低く見るようになりました。西欧から学び、それに追い着くことに専念したために、その過程では日本に後れをとっているアジアを全体として後れた存在とみなすようになったのです。

そうした習癖は今日もなお続いているのではないでしょうか。アジアの台頭への日本人の態度を見るとき、私はそう思わざるをえないのです。その状況に直面して多くの日本人が悲観的になるのは、少なくともアジアにおいて日本はナンバーワンであり、またそうでなくてはならないという前提があるからではないでしょうか。長い歴史的視野に立てば、アジアのどこかの国がいくつかの部門で日本を追い越しても不思議はないし、全体として優越してもなんらおかしくないのです。むしろ、そういうことが起こるからこそ、日本は学びうるのであり、力を失わないと考えるべきなのです。

アジアから学ぶことと並んで重要な第二の点は、日本ができるだけ広い枠組みで、すなわち世界的で普遍的な枠組みの中で行動すべきだということです。それは世界化時代のゆえに必要であると同時に、われわれが島国的な狭量さを乗り越え、アメリカとアジアの仲介者という役割を果たすための不可欠の条件でもあります。文明の衝突はありえないことではありません。しかし、それを日本だけで防止できるものではありません。だから、より広い枠組みが必要なのです。また常に世界という広い視点を持ち込むことによって、日本は島国の欠点を是正できます。そうすることによって、島国という不安な存在の反面である利点を生かすこともできるのではないでしょうか。

＊1　フランシス・フクヤマ　Francis Fukuyama（一九五二〜）。アメリカの戦略理論家。代表的著作として『歴史の終わり』上・下、渡部昇一訳、三笠書房、一九九二年、がある。

＊2　シャルル＝ルイ・ド・モンテスキュー　Charles-Louis de Montesquieu（一六八九〜一七五五）。十八世紀ヨーロッパの代表的知識人。『法の精神』が主著で、公法学と法社会学を創始したと言える。政治体制については、体制によって原理や必要とされる美徳が異なり、法も異なることを指摘した。例えば、君主政＝名誉、貴族政＝節制、民主政＝共和国への愛・平等の愛、専政＝恐怖、という具合である。

＊3　一九八九年六月四日、民主化を要求する学生や市民によって占拠されていた天安門広場を、戒厳軍が戦車、装甲車を繰り出して奪回しようとした。軍は催涙ガスや実弾を使い、両者に多数の死傷者が出たが、軍は学生と市民を完全に制圧した。

＊4　一九四七年生まれの中国に関する専門家。主著として『東アジアの国家と社会①中国——溶変する社会主義大国』東京大学出版会、一九九二年、がある。天児慧氏によると、中国の都市は鎮と城市とに分けられる。前者は、自然に発生したもので、物資の集散市場として農村経済において重要な機能を果たしてきたが、そう大きくはない。城市は防衛機

能と行政機能を持つもので、性格を異にする。さらに第三のものとして十九世紀後半以降、植民地都市が出現し、戦後石油などの資源基地から大きくなったものがあり、対外開放政策以降、深圳などが急成長した。総じて中国は政治都市を別にすれば、圧倒的に農村を中心とする国であったと言える。

＊5　中国ではごく最近まで、農村から都市への移住は認められていなかったが、現実には一億人とも言われる人が豊かになるチャンスを求めて都市部に移動している。

＊6　Andrew J. Nathan, *Chinese Democracy*, Tauris Co., London, 1986.

＊7　中国が伝統的に地方分権の強い国であったと主張している学者の一人に、中国研究家のスキナーがいる。同様の主張は数十年も前、日本人の内藤湖南が『支那論』で展開している。

＊8　山県や寺内などの「文明衝突論」をやや図式化して表すと次のようになる。

日本	アメリカ
天皇	民主主義
忠君愛国	個人主義
共同調和の精神	享楽や軽躁
黄色人	白色人
日中提携	英米

フレドリック・R・ディキンソン「〝第四の開国〟は実現するか」（「アステイオン」三六号、TBSブリタニカ）より。

＊9　Kishore Mahbubani, "The Dangers of Decadence", *Foreign Affairs*, Sep.-Oct., 1993. 次の論文はより優れたものである。"The Pacific Impulse", *Survival*, vol. 37 No. 1.

＊10　引用はセオドア・ロウィ著『自由主義の終焉』村松岐夫監訳、木鐸社、一九八一年、から。

＊11　引用はジョセフ・アロイス・シュムペーター著『租税国家の危機』木村元一・小谷義次訳、岩波文庫、一九八三年、から。

解説　高坂国際政治学の到達点示す円熟した洞察の結晶

中西　寛

本書は戦後日本を代表する国際政治学者の一人、高坂正堯（一九三四～一九九六）の最晩年の著作の再刊である。一九九四年十～十二月に放送されたNHK講座テクストを元にして一九九五年十一月に公刊された、書き下ろしとしては最後の作品となる。

高坂については今日でも多数の著作が刊行されており、紹介に多言を要しないだろう。西田幾多郎につらなるいわゆる京都学派の哲学者の一人、高坂正顕の次男として京都に生まれ、京都大学法学部を卒業後に助手に採用され、ウィーン体制をテーマとした助手論文を執筆後助教授に昇進した。一九六〇年から二年間ハーヴァード大学に客員研究員として滞在して帰国後、『中央公論』の編集者・粕谷一希に乞われて「現実主義者の平和論」を執筆、一躍新進気鋭の若手学者として論壇に注目される。その後、『海洋国家日本の構想』（一九六五）や『宰相吉田茂』（一九六八）といった論文集、『国際政治』（一九六六）、『世界地図の中で考える』（一九六八）、『古典外交の成熟と崩壊』（一九七八）、『文明が衰亡するとき』（一九八一）など数々の著作を公刊すると共に、歴代内閣に政策的助言を行い、またテレビなどメディアにも出演した。一九九六年、内臓ガンにて急逝したが、二十世紀後半の日本を代表する公共知識人（public intellectual）だった。

特に本書は、執筆当時の世界情勢について十二回の講義の形で取り上げながら、高坂の晩年の円熟した国際政治観が表現されている点に最大の特徴がある。高坂の国際政治に関する体系的な著述としては新書版の『国際政治』が代表的である。同書は国際政治学に関する読みやすく、かつ深みのある入門書として今日でも広く愛読されている著作だが、いかんせん高坂にとっては三十代になりたての作品であり、後の著作に比べれば著述の幅が限定されている印象は否めない。対して本書は、冷戦終焉から数年を経た世界という時事的な対象を扱いながらも、高坂が多年にわたって積み重ねてきた国際政治に対する幅広い洞察が反映され、全体として高坂が晩年に到達した国際政治観を理解する上で好個の著作となっている。

たとえば本書の「はじめに」は、高坂の国際政治を論じる姿勢を簡明に表現している。高坂は、本書で冷戦後の世界について、核兵器と内戦を中心とした国際秩序の問題、自由貿易を原則とする国際経済の問題、主にアジアを焦点とする「文明の衝突」の問題、という三つの領域に焦点を当てることを表明している。『国際政治』を執筆した当時の高坂は自らの立場を現実主義（リアリズム）として表現し、主に戦争と平和、あるいは安全保障の観点から国際政治を論じていた。しかしその後の高坂は国際経済や文明ないし文化といった問題に視野を広げ、多数の著述をものしていく。本書はそれら全体を包括し、現代の国際政治を理解する上で、安全保障、国際経済、文明という三つの視座を相互に参照することの意義を表現している点で、成熟した高坂の思想を反映するのにふさわしい構成となっている。

さらに高坂は「はじめに」において、歴史的視点の重要性を強調している。「以上の問題を考察するとき、私は歴史的視野に立つことをまず強調したい。……歴史とともに考察するとき、理論はわれわれに正しい教訓を与えてくれる。……理論抜きには広い世界は理解できないが、歴史抜きの理論は危険で、大体のところ害をなす。」

これは短いながらも高坂の方法論、そして高坂の政治観、社会観を端的に表現した言葉である。本書を含めて高坂の著作の際立った特徴は、その表現の平明さである。専門家が使う術語については必要最小限に留め、非専門家にとって敷居が低い形で表現されている。もちろん本書が一般向けのテレビ講座を土台にしていたことの影響はあるにせよ、本質的には高坂の「知」や思考に対する姿勢の表れと見るべきである。すなわち、人間の知や認識の範囲は相対的、部分的なものに過ぎず、イデオロギーと呼ぼうと理論と呼ぼうと科学と呼ぼうと、ある思考を絶対視することは社会に害悪をもたらしうる方法であり、いかなる思考に対しても絶対化に対する中和剤として歴史的な考察に基づく相対化を伴わねばならない、という視点である。

本書において高坂のこうした立場がもっとも直接的に示されているのは「第6章　「競争力」という妄想」であろう。「間違った理論というものは恐ろしいものです。あるいは、それ自体正しい理論の誤った使用がそうです。それは間違った方向へ、人々が現実を見る際の枠組みを与え、自らに位置づけ、問題解決へと向かわせるからです」と書き始められたこの章は、アインシュタインの言葉の引用をはさんで「特に、国際関係についてはそうなります。というのは、世界はあまりにも広く、複雑で、なにがなにやらよく分からないところがあるからです。冷戦と二極体制は、良かれ悪しかれ、そうした世界像を与えてくれました。それがなくなった今、人々は多少強引にでも、そうした世界像を作ろうとしています」と続けられる。さらに「その中でかなり強力であり、最も危険なものは、今後の国際関係が諸国家間の経済力の競争のそれであるとする考え方だ、と私は思います」という言葉で、当時流行していた戦略的貿易理論に関する分析評価に入るのである。

高坂の議論の特徴は、ある理論を真偽いずれかで判定するのではなく、部分的な正しさ、あるいは一見正しいと思わせる根拠やある理論を信じたがる人間心理にまで踏み込んで分析する点である。高坂は、経済力を重視する議論には一定の正当性があるし、戦略的貿易理論の根拠とされる、規模の利益や技術の重要性、市場の寡占性といった指摘も間違いではない、と認める。しかしその上で、この理論は誤りを含んでおり、結局は「危険な妄想」とまで断定するのである。経済の競争的側面を無視するのは間違いだが、互恵的側面を否定するのはより根本的な間違いであること、また保護主義的措置の成功例を過大視し、失敗例を軽視していること、先端的な技術の可能性を予測することは不可能なこと、寡占的市場モデルは相互依存の複雑さを単純化してしまっていること、を指摘する。こうした論証方法は、科学的な体裁をとっていても社会に関する「理論」はイデオロギーないしシンボルとしての性格を免れず、真偽いずれかに判定できるデジタル的な存在ではなく、「半分正しく、半分誤り」といった曖昧性をもった命題群であるという認識を踏まえている。それは人間の知が絶対的な真理に至ることはなく、常に歴史的世界の一部として機能するという高坂の信念の反映であろう。

こうした人間的な知のあり方を体現した公共知識人は高坂が世を去った頃から世界的に少なくなっていった。たとえばイギリスの政治思想史家、アイザイア・バーリン（一九〇九〜一九九七）や、アメリカの元外交官で外交史家のジョージ・ケナン（一九〇四〜二〇〇五）といった人々である。人間が歴史を通じて追求する価値の多元性を認識し、歴史の中で行動する人間の知的営みの価値とその限界のなかで生きようとしていた点で彼らには共通性があったように思われる。二十一世紀に入り、高坂やバーリンやケナンのようなスタイルの論考を目にする機会は世界を見渡しても少なくなっている印象である。

しかし三十年近く前の本書から読者は、高坂の洞察力に改めて気づくであろう。たとえば、高坂が最も親しんだヨーロッパについて、その将来を左右する要素としてロシア、ドイツ、そしてアイデンティティの問題を挙げている。「他国がロシアに対してとりうる最悪の政策は、ロシアの混迷と弱体化からロシアは国際社会においてとるに足らない勢力になったとし、ロシアを除外してヨーロッパの国際社会を運営しようとすることなのです。これほど、ロシア人のナショナリズムを刺激し、ロシアに強権的な政府を作り出すことに貢献するものはありません」（九五〜六ページ）という言葉は、数年後のプーチン体制の登場を予言するかのようだし、ドイツが主導するヨーロッパ統合について、「ヨーロッパ統合を広げることは、少なくとも当面小さくないコストを伴います。好況のときならともかく、不況の現在、東欧諸国の安い労働力は脅威とみなされうるのです。それに統合は経済面にとどまるべきではないが、NATOを拡大するとなるとロシアと衝突する恐れがあります」（二〇五ページ）という考察は、ロシアとの対決や移民問題に揺れるヨーロッパ政治の現状を思わせる。そして「ヨーロッパは狭い意味でのヨーロッパ内での多様なものの共存を学んだと思ったら、東と南で深刻な問題に遭遇するようになりました。それは良くも悪くも、ヨーロッパ、バルカン、中東、北アフリカが多くの勢力の接触するところであったからです。ヨーロッパ文明の成果は、実はそのおかげなのですが、悩みも多いのです。そしてそれは「相互浸透」の時代の人類の悩みを表すものでもあります」（一〇八ページ）という短い表現の中に、ヨーロッパの歴史と文化に関する洞察が、世界的な課題とともに見事に組み込まれている。

　また、アジア太平洋の将来については日米中三極が重要としながら、いずれも強みと弱みを抱えていると指摘する。アメリカは一強と言っていいグローバルな力をもつが、その分特定の地域を制御する力は弱い。中国は巨大な人口と地理的に守られた領域をもつが、それは行動の制約要因にもなり、受身には強いが積極的な影響力はそれほどでもない。日本は豊かで世界的影響力をもつが、基本的には脆弱で世界秩序を支える形でしか影響力を発揮できない、という（二四〇〜二ページ）。この指摘は今日でも基本的に変わっていないのではないか。

　高坂の視点は、現代国際政治の奥底にある社会的、文明的な基本問題に行き着いている。「集団として解決しなくてはならない問題について、たとえ、自分自身には不利でも、それを解決しようという気持がなくなるとき、その国や文明はおかしくな」り、「何を社会のレベルで決め、何を個人の決定に委ねるのがよいのかということは今日の重要な問題あるいは最も根本的な問題なのです」（二九一〜二ページ）という指摘は、直接にはアメリカ政治の問題を指摘したものだが、それは現代文明に共通する世界的課題であり、今日において深刻さを増している。

もちろん高坂は予言者ではなく、読者は高坂の予想が現時点では当たっていない場合にも気づくだろう。また、さまざまな洞察の後で、より明確な指針を与えて欲しいと思わせる面もある。しかし深く考えることなく見せかけの解決策に頼ろうとすることこそ現代の危険ではないのか。本書はそのように問いかけてくる、今まさに読まれるべき書物である。

（なかにし・ひろし　京都大学教授／国際政治学）

本書はＮＨＫ教育テレビ『人間大学』において、一九九四年十〜十二月に放送された「ポスト冷戦の国際社会」をもとにしています。

編集付記

一、本書は『平和と危機の構造――ポスト冷戦の国際政治』（日本放送出版協会、一九九五年十一月刊）を底本とし、文庫化したものです。文庫化にあたり副題を取りました。

一、明らかな誤りと思われる箇所は訂正し、編集部注を〔　〕で補いました。

一、人名、地名など固有名詞については現在の一般的な表記に改めました。

一、本文中、今日では避けるべき語句が見受けられますが、著者が故人であること、執筆当時の時代背景を考慮して底本のままとしました。

中公文庫

平和《へいわ》と危機《きき》の構造《こうぞう》

2024年10月25日　初版発行

著　者　高坂《こうさか》 正堯《まさたか》

発行者　安部 順一

発行所　中央公論新社
〒100-8152　東京都千代田区大手町1-7-1
電話　販売 03-5299-1730　編集 03-5299-1890
URL https://www.chuko.co.jp/

DTP　嵐下英治
印　刷　三晃印刷
製　本　小泉製本

Published by CHUOKORON-SHINSHA, INC.
Printed in Japan　ISBN978-4-12-207568-9 C1131

各書目の下段の数字はＩＳＢＮコードです。978－4－12が省略してあります。

S-24-8
日本の近代8 大国日本の揺らぎ 1972～
渡邉昭夫
沖縄の本土復帰で「戦後」を終わらせた日本だが、石油危機、狂乱物価、日米貿易摩擦など、内外の試練をうけ続ける。経済大国の地位を築いた日本の行方。
205915-3

S-25-1
シリーズ日本の近代 逆説の軍隊
戸部良一
近代国家においてもっとも合理的・機能的な組織であるはずの軍隊が、日本ではなぜ〈反近代の権化〉となったのか。その変容過程を解明する。
205672-5

S-25-2
シリーズ日本の近代 都市へ
鈴木博之
西欧文明との出会いは、日本の佇まいに何をもたらしたか。文明開化、大震災、戦災、高度経済成長――変容する都市の風貌から、日本人のアイデンティティの軌跡を検証する。
205715-9

S-25-3
シリーズ日本の近代 企業家たちの挑戦
宮本又郎
三井、三菱など財閥から松下幸之助や本田宗一郎ら消費者本位の実業家まで、資本主義社会の光と影を担った彼らの手腕と発想はどのように培われたのか。
205753-1

S-25-4
シリーズ日本の近代 官僚の風貌
水谷三公
この国を動かしてきた顔の見えない人々――政党勃興、戦時体制、敗戦など社会情勢の変動が、行政機構に与えた影響を探る、ユニークな日本官僚史。
205786-9

S-25-5
シリーズ日本の近代 メディアと権力
佐々木隆
「社会の木鐸」「不偏不党」「公正中立」その実態は？知られざる新聞の歴史を豊富な史料で描き、現在のメディアが抱える問題点を根源に遡って検証。
205824-8

S-25-6
シリーズ日本の近代 新技術の社会誌
鈴木淳
洋式小銃の導入は兵制を変え軍隊の近代化を急がせた。洗濯機の登場は主婦に家事以外の時間を与えた。新技術の導入は日本社会の何を変えたのだろうか。
205858-3

S-25-7
シリーズ日本の近代 日本の内と外
伊藤隆
開国した日本が、日清・日露の戦を勝ち抜いて迎えた二十世紀。世界は、社会主義によって大きく揺すぶられる。二部構成で描く近代日本の歩み。
205899-6